대한민국 수험생들의
수능대박을 기원합니다.

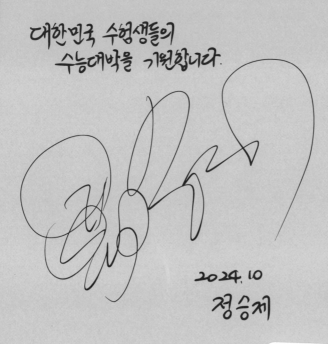

2024. 10
정승제

잘 될지 어떨지 몰라도 일단 덤벼 봐야지.
이게 우리가 출 수 있는 유일한 춤이니까
자 그럼. Shall we dance?

수능의 그 날까지 여러분과 함께 할 커닝메이트.

조정식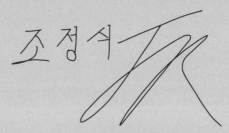

일러두기

- 〈성적을 부탁해 티처스〉 시즌1(1~14화)의 내용을 기반으로 구성하였습니다.
- 방송 순서와 내용을 그대로 따르지 않고 도서의 목차와 내용을 재구성하였습니다.
- 정승제·조정식 선생님과 인터뷰를 통해 방송에서 공개되지 않은 심화된 학습 노하우와 전략을 담았습니다.
- 이 책에서 소개된 사례 속 학생들의 이름은 모두 가명입니다.

대한민국 일타 강사진이 직접 알려주는
성적 급상승 전략의 모든 것

→ 성적을 부탁해 ←
티처스

정승제, 조정식
〈성적을 부탁해 티처스〉 제작팀 지음

다산
에듀

단단한 실력을 쌓는 공부의 왕도

우리가 만난 아이들은 모두 절실했습니다. 성인으로 접어드는 길목, 가장 큰 도전이기도 한 입시를 향해 저마다 최선을 다해 노력을 기울이고 있었지만 생각처럼 따라주지 않는 현실에 고민하고 괴로워했습니다. 비록 방송에서는 몇몇 아이들과만 함께해야 했지만, 다양한 상황에 처한 아이들의 모습과 솔루션을 되도록 많이 소개해 전국의 모든 학생에게 도움이 되길 바랐습니다.

〈성적을 부탁해 티처스〉는 공부에 어려움을 겪고 있는 학생들에게 맞춤형 학습 솔루션을 제공하여 누구나 자기 힘으로 성적 향상을 이뤄낼 수 있음을 보여주고자 제작되었습니다. 대한민국 최고 스타 강사인 수학의 정승제 선생님과 영어의 조정식 선생님이 학생 개개인에 맞춘 코칭으로 여러 학생의 학습 방법을 개선하고 성적을 올릴 수 있도록 도왔습니다.

〈성적을 부탁해 티처스〉에서는 단순히 성적을 올리는 데 그치지 않고 학생들에게 자기 주도 학습의 중요성을 일깨워 주고 싶었습니다. 그래서 학생들이 학습의 주체가 되어 스스로 문제를 해결하고 목표를 달성하는 과정을 담으려 노력했습니다. 선생님의 코칭 이후에도 공부하는 방법과 재미를 깨치고 스스로 해나갈 수 있게 되었다는 학생들의 후기에 보람을 느낍니다.

아이들의 상황은 저마다 달랐지만, 성적이 나오지 않는 이유는 대체로 비슷했습니다. 노력이 부족하거나 공부법이 잘못되었거나, 혹은 둘 다였습니다. 하지만 일단 방송에 나오고자 사연을 보냈다는 것은 적어도 이런 상황에서 벗어나기 위해 노력할 준비가 된 것이겠지요. 그래서 우리는 최대한 올바른 공부법을 제시하면서도 학생마다 공부 방법이 다를 수 있음을 강조하고자 했습니다. 그래서 모두가 획일화되고 수동적인 방식이 아니라, 자신의 상황에 맞는 저마다의 학습 방법을 찾을 수 있기를 바랐습니다. 이를 위해 두 선생님 모두 학생 개개인의 잠재력을 파악하고 그들의 학습 스타일에 맞춘 솔루션을 제시해 주려 함께 노력하였습니다.

다만 방송에서 소개된 솔루션들은 출연한 학생들의 특성에 맞춰 진행된 것이기에 방송을 보는 학생들이 따라하거나 적용하기는 힘듭니다. 그러한 아쉬움을 보완하고자 〈성적을 부탁해 티처스〉 책을 통해 누구나 따라 할 수 있고 실력을 키울 수 있는 수학과 영어의 왕도를 담았습니다. 공부를 잘하고 싶다는 의지를 가진 학생 누구나 따라 하고 시도할 수 있도록 단순히 시험을 잘 보기 위한 요령이나 꿀팁에 치우치지 않은, 쉽게 무너지지 않는 단단한 실력을 쌓을 수 있는 방법입니다.

지금 이 순간에도 공부에 매진하면서 때로는 좌절하고 고민하고 있을 대한민국의 수많은 학생에게 이 책이 올바른 길잡이가 되었으면 하는 바람입니다. 마지막으로 촬영에 협조해 준 학생들과 가족들, 열정과 애정으로 아이들을 지도해 준 두 선생님께 깊은 감사를 전합니다.

2024년

〈성적을 부탁해 티처스〉 제작진 일동

티처스를 경험한 학생과 학부모의 생생한 기록

〈성실함 넘버 원 2화 도전학생〉

처음 방송 출연이 결정된 뒤 굉장히 설렜던 기억이 떠오릅니다. 인터넷이나 TV에서 접하던 선생님을 직접 만나고 나만을 위한 가르침을 받을 수 있다니! 무엇보다 나를 위한 솔루션을 통해 효율적인 공부법을 배울 수 있다는 기대가 가장 컸어요.

방송에 출현하며 무엇보다 도움이 된 것은 정승제 선생님께서 알려주신 수학을 받아들이는 방법이었습니다.

" 개념을 착실히 이해하고 설명할 수 있어야 해. 설명을 제대로 하지 못한다면 그건 개념을 제대로 이해하지 못했기 때문이야!"

지금껏 개념보다는 문제 풀이, 혹은 문제의 유형을 암기하는 데 급급했는데 선생님의 조언에 따라 수학 공부에 임하니 그동안의 답답함이 조금이나마 사라지는 듯했습니다. 솔루션을 통해 목표했던 점수를 이루었을 때 엄청난 성취감을 얻었지만, 동시에 더 잘할 수 있었을 거라는 아쉬움도 느껴질 정도였습니다. 선생님의 훌륭한 가르침 덕분입니다. 이 아쉬움은 앞으로의 배움을 바탕으로 꾸준히 노력하면 점차 사라질 거라고 믿습니다.

조정식 선생님께도 감사한 마음은 마찬가지입니다. 영어를 그저 교과목이 아닌 '하나의 언어'로 대하는 태도를 알려주셨어요. 더불어 언제나 저를 응원해 주신다는 한마디가 영어 공부에 어려움을 느낄 때마다 저를 버티게 하는 힘이 되어줍니다. 다시 한번 감사드립니다.

학습에 공백이 있거나 기초가 없어서 공부에 어려움을 겪는 학생들에게 꼭 전하고 싶은 말이 있어요. 노베이스 친구들도 시작하는 것을 두려워하지 말고, 용기를 가지고 올바른 방법으로 공부를 시작한다면 무조건 좋은 결과가 있을 거예요. 무엇보다 내가 해낼 수 있다고 스스로를 믿는 것이 가장 중요하다고 생각해요. 나를 믿으며 수험 생활을 꾸준히 잘 이겨내시길 바랍니다. 파이팅!

〈수학 빼고 전 과목 A등급 4화 도전학생〉

〈성적을 부탁해 티처스〉를 통해 정승제 선생님을 만난 것은 정말 큰 행운이었습니다. 저에게 부족한 지점이 무엇인지 정확히 파악하고 그에 맞는 솔루션을 주신 덕분에 수학에 대한 자신감을 찾을 수 있었어요. 그 덕에 수학 성적도 정말 많이 올랐고요. 나에게 맞는 올바른 공부법의 중요성을 다시 한번 깨닫는 계기가 되었습니다.

〈성적을 부탁해 티처스〉를 통해 발견하고 훈련한 저만의 공부법은 고등학교에 입학한 뒤에도, 또 수학 외 다른 과목을 공부할 때도 문제를 분석하고 해결하는 과정에서 정말 많은 도움이 되었습니다.

선생님들의 가르침은 단순히 영어와 수학 공부법이 아니에요. 공부의 본질을 알려주는 학습의 바이블과 같습니다. 〈성적을 부탁해 티처스〉 도서를 읽는 다른 많은 친구들 역시 이 책을 통해 자신만의 공부법을 찾길 바랍니다.

〈예비 고1 4화 도전학생 학부모〉

〈성적을 부탁해 티처스〉와 함께 보낸 4주라는 시간은 아마 평생 잊지 못할 기억일 것 같습니다. 방송에서 공개된 것보다 몇 배는 더 진심을 다해 지도해 주신 선생님들의 가르침은 방송이 끝난 지 1년이 더 지난 지금도 여전히 소중한 기억으로 남아 있습니다. 선생님들의 가르침 덕분에 고등학교에 진학한 뒤에도 큰 기복 없이 여전히 우리 아이는 수학과 씨름하며 즐거운 학창 시절을 보내고 있어요.

〈성적을 부탁해 티처스〉의 출간을 진심으로 축하하며, 이 책을 통해 더 많은 친구들이 〈성적을 부탁해 티처스〉의 기적과 같은 도움을 받을 수 있기를 바랍니다. 티처스를 만난 것은 수험 생활에서 경험할 수 있는 최고의 기적이었습니다. 감사합니다.

〈노베이스 6화 도전학생〉

지금까지 나는 열심히 공부하고 있다고 생각했는데 〈성적을 부탁해 티처스〉를 만나 나에게 맞는 올바른 방법으로 공부를 시작하니 그것은 큰 착각이었다는 것을 깨달았습니다. 〈성적을 부탁해 티처스〉 덕분에 그저 흉내가 아닌 진짜 공부를 시작하게 된 셈이에요. 진짜 공부가 무엇인지, 그리고 어떻게 해야 하는지 배울 수 있었습니다.

올바른 방법으로 공부를 하고 성적이 오르는 경험을 하니 자연스레 공부 자신감도 올랐습니다. 〈성적을 부탁해 티처스〉와 함께한 경험을 제 인생의 전환점으로 삼고 앞으로도 꾸준히 노력해 계속해서 발전해 나가고 싶습니다.

〈위기의 중3 6화 도전학생 학부모〉

〈성적을 부탁해 티처스〉와 함께하면서 제 아이의 공부 패턴에 어떤 문제가 있는지 파악할 수 있었고, 부모인 저의 태도 또한 돌아볼 수 있었습니다. 그 전까지는 우리 아이에게 하고자 하는 마음이 있는지 전혀 알지 못했고, 아이가 올바른 공부법을 몰라 어려움을 겪는지조차 알지 못했거든요.

하지만 정승제, 조정식 두 선생님의 가르침과 함께 한 뒤 아이 스스로 진짜 노력이 무엇인지 깨닫고 자기 주도학습을 이어나가는 모습을 보며 좋은 선생님의 올바른 가르침의 소중함을 더욱 깨닫게 되었어요. 저 역시 우리 아이에게 필요한 도움이 무엇인지 알고 더 잘 지지할 수 있게 되었습니다.

단언컨대 〈성적을 부탁해 티처스〉는 많은 친구들에게 단 한 번뿐인 소중한 학창 시절의 튼튼한 밑거름이 되어줄 소중한 경험이라고 확신합니다. 다시 한번 〈성적을 부탁해 티처스〉에 감사합니다.

〈전국 경쟁 대비 예비 고1 14화 도전학생〉

〈성적을 부탁해 티처스〉를 통해 영어와 수학에서 모두 다양한 학습 노하우와 전략을 배울 수 있었습니다. 두 선생님 모두 제가 문제를 풀어나가는 방식을 세심하게 관찰하고 그에 맞는 학습 방법을 찾아주셔서 그동안 혼자 공부하며 답답했던 부분들이 많이 해소되었어요. 또 알려주신 방법을 실제 문제 풀이에 잘 적용하고 있는지까지 확인해 주신 덕분에 실전에서도 실수 없이 실력 발휘를 할 수 있었습니다.

선생님들의 솔루션은 단순히 공부법만을 위한 것이 아닌, 나를 믿는 힘과 꾸준히 공부할 수 있는 방법을 알려준 인생 수업입니다. 선생님들의 따뜻한 응원 덕분에 큰 용기를 얻었고, 그동안의 배움에 깊이 감사드립니다. 〈성적을 부탁해 티처스〉 도서를 통해 많은 친구들이 저와 같은 소중한 경험을 할 수 있기를 바랍니다.

Contents

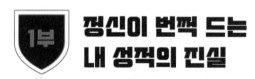

2장 아이 입시를 망치는 부모, 살리는 부모

2부 선생님, 찐짜 방법을 가르쳐주세요!

3장 승제쌤, 어려운 수학이 쉬워지는 날이 올까요?
: 완벽한 개념과 피나는 연습이 만점을 만든다

4장 정식쌤, 영어 완벽 정복을 위한 만점 습관을 알려주세요!
: 문해력이라는 바탕 위에 기본기가 쌓을 때 완벽해진다

3부 한 번은 반드시 명심해야 할 이야기

5장 이것만 알아도 수험이 달라진다

1부

정신이 번쩍 드는
내 성적의 진실

>>> 1장

정신이 번쩍 드는
내 성적의 진실

내가 공부를 못하는 건
유전자 탓일까?

★ ★ ★ ★ ★

나도 공부 수저를 타고났더라면

지영이의 부모님은 두 분 모두 명문대를 졸업했다. 아빠는 서울대학교 공학박사이고 엄마는 미국의 대학교에서 학창 시절을 보낸 유학파다. 그래서 공부를 하다가 궁금한 점이 생겼을 때 수학은 아빠에게, 영어는 엄마에게 질문하고 배운다. 지영이의 친척 중에도 명문대 출신이 많다. 흔히 말하는 공부 수저를 타고난 경우다. 주변 영향 때문인지 지영이 역시 자연스레 우리나라 최고 대학으로 꼽히는 서울대학교에 입학하기를 꿈꾼다.

지영이와 비슷한 환경에서 자라난 아이들이 흔히 듣는 이야기가 있다.

"공부 수저를 타고났네!"

공부 수저는 부모님의 경제적 배경을 칭하는 금수저, 흙수저 등을 공부에 비유해 표현한 것으로, 학업 성취에 있어 부모의 교육적 배경과 경제적 지원이 합쳐진 상태를 비유적으로 말하는 최신 언어다. 최근에는 타고난 '공부 수저'에 따라 자녀의 학업 성취도에 차이가 발생한다고 생각하는 사람이 많다. 좋은 공부 수저를 타고난 아이들이 당연히 학업 성취도가 높고, 자연스레 좋은 대학에 진학할 수 있다고 단정 짓듯 말하기도 한다. 그래서일까. 최근 성적이 잘 나오지 않는 학생 중 자신의 공부 수저를 탓하는 경우도 많다.

"공부도 유전이라는데, 저는 공부 유전자가 없어요."

그런데 정말 공부가 유전의 영역일까? 물론 학습에 재능이 있는 DNA가 존재한다는 사실을 무시할 수는 없다. 그렇지만 한 가지 확실한 것은, 결코 유전자가 공부의 전부는 아니라는 것이다. 부모님이 모두 명문대를 졸업했음에도 자녀는 공부를 잘하지 못하는 경우도 정말 많지 않은가.

부모로부터 물려받는 여러 요인이 학업에 영향을 줄 수는 있지만, 유전자 그 자체보다 더 중요한 것은 학생 개인의 근성이나 성실함과 같은 생활 태도다. 우리가 타고난 '공부 수저'에서 주목해야 할 점은 학구적인 부모님의 성향 덕에 자연스럽게 조성된 면학 분위기다. 또 그러한 가정의 분위기 덕분에 자녀도 열심히 공부할 가능성이 크다는 점이다. 명문대 출신이 많은 주변 환경 덕분에 학생 본인도 자신의 목표를 일정 수준 이상으로 설정하고 열심히 해야 한다는 생각이 자연스럽게 형성되어 공부와 친해질 기회를 더 많이 마주할 수 있다는 점도 꼽을 수 있겠다. 결국 환경적 요인이 유전적 요인보다 학업 성취에 더 큰 영향을 미치는 것이다.

그래도 머리 좋은 애는 못 이겨요

고등학교 2학년인 윤지는 내신도 모의고사도 기대하는 만큼 결과가 나오지 않아 매번 속상하다. 특히 윤지의 오빠는 수재만이 모인다는 전국 단위 자율형 사립고등학교(전국형 자사고)에서 항상 전교권을 벗어나지 않고 서울대학교를 목표로 하는 상황이라 그런 오빠와 자신을 비교할수록 더욱 우울해진다. 오빠를 칭찬하는 사람들 속에서 윤지는 소외되기 십상이고, 자주 비교당하면서 어느새 자신감은 사라졌다. 오빠를 따라가려고 잠까지 줄여가며 공부하지만 생각처럼 성적이 오르지 않으니 '내가 바보인가?'라는 생각이 든다.

형제 둘 다 노력하지만 한 명은 성적이 뛰어나고 한 명은 그렇지 않다면 그 차이가 지능에서 비롯된 것이라고 생각하기 쉽다. 그렇다면 전국 상위 1%인 오빠와 만년 6등급인 윤지의 아이큐(IQ)에는 정말로 차이가 있을까?

이를 확인하기 위해 윤지 남매의 지능과 수학능력을 검사해 보니, 오빠의 아이큐는 121로 평균보다 높은 편이었다. 언어이해, 시공간, 유동추론, 처리속도라는 세부 지능에서도 학습에 유리할 수 있는 높은 지수를 기록했다. 특히 암기력을 뜻하는 작업기억은 131로 상위 2%에 속할 정도였다. 한편 동생인 윤지의 아이큐는 평균 수준인 98을 기록했다. 암기력을 뜻하는 작업기억 역시 94였다. 그렇다면 결국 지능의 차이가 두 사람의 성적 차이를 만든 것일까? 결론부터 말하면 전혀 그렇지 않다. 아이큐가 성적에 약간의 영향을 미칠 수는 있으나 얼마든지 극복 가능하다.

전 국민의 평균 아이큐는 100이다. 아이큐가 85~115 사이에 위치하는 인구가 전체 인구의 약 70%를 차지한다. 이 말은 인구 70%의 학습 능력이 모두 비슷하다는 뜻이다. 다시 말해 아이큐가 85 이상이라면 수능 1등급을 받는 데 아무런 문제가 없다.

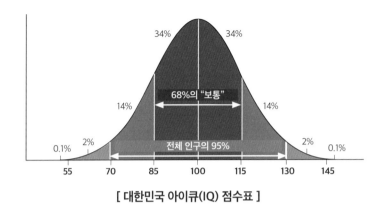

[대한민국 아이큐(IQ) 점수표]

게다가 아이큐가 평균 수준인데도 전교 1등을 하는 학생의 예도 무수히 많다. 예외적인 사례긴 하지만 경계선 지능(아이큐 70~79)에 가까웠음에도 이른바 스카이라고 불리는 명문 대학교에 합격한 학생의 사례도 있다. 결국 수능이란 일반적인 지능을 가진 누구나 상위권에 오를 수 있는 시험이라는 것이다.

승제쌤

"높은 아이큐가 공부에 유리할 순 있지만, 그것이 절대적인 요인은 아닙니다."

그럼에도 불구하고 재능의 대척점이 노력이라고 생각하며 학습은 재능의 영역이라고 치부하는 사람이 많다. 특히 나름대로 공부를 열심히 하는데 성적이 오르지 않는 경우 '내가 머리가 나쁜가?'라는 생각에 빠지기 쉽다. 자신보다 크게 노력하는 것 같지도 않은데 성적이 높은 친구들과 비교하면서 이른바 '현타'를 맞기도 한다.

하지만 재능이라는 데 집착하는 순간, 재능과 노력 모두 최고 수준의 사람과 자신을 비교하면서 쓸데없이 좌절감에 빠지기 쉽다. 그럴 필요가 전혀 없는데도 말이다. 내가 노력한다고 해서 최고 수준에 속한 사람을 쉽게 이길 수 있을까? 결코 쉬운 일은 아닐 것이다. 하지만 내가 그들만큼의 재능은 없다 하더라도, 꾸준히 노력하면 아무 노력도 하지 않는 사람보다 월등하게 나은 위치에 오르고 훨씬 나은 존재가 될 수 있음을 명심하자.

공부도 마찬가지다. 누구나 전국 1등을 할 필요는 없다. 하지만 수능을 향해 주어진 시간 동안 꾸준히 노력한다면 적어도 아무것도 하지 않는 친구들보다는 훨씬 더 나은 사람이 될 수 있다.

수능은 지능을 논할 시험이 아니다

"아무리 노력해도 유전적으로 타고난 머리는 이길 수 없어요."

이런 말을 하는 학생이 적지 않다. 그런데 '아무리 노력해도'라는 말을 하는 이들 중 정말로 노력해 본 학생은 몇이나 될까?

사실 유전자 탓을 하는 학생들 대부분이 공부를 제대로 해본 경험이 없다. 그러면서 공부를 못하는 게 자신의 탓이 아니라고 말한다. 노력으로 바꿀 수 없는 유전자 탓을 하면 공부를 하지 않아도 마음은 편하기 때문이다.

물론 공부에 유전자가 영향을 끼칠 수는 있다. 예체능에 재능이 있는 유전자가 있고 수학에 재능이 있는 유전자가 있듯이 국어나 영어 같은 언어에 뛰어난 유전자도 있다. 하지만 수능 시험은 우리가 학교에서 배운 내용을 충분히 숙지하였는지, 또 대학교에 입학한 뒤 학업을 계속해서 이어갈 수준이 되는지 알아보는 시험이다. 그렇기에 수능 시험에서 1등급을 받는 것은 천재가 아니어도 누구나 노력하면 가능하다.

내신도 수능도 천재를 선별하는 시험이 아니므로 누구나 열심히 학습하고 노력하면 일정 점수 이상을 획득할 수 있다. 출제자 역시 그러한 기준을 바탕으로 문제를 출제한다.

다시 말해 공부 유전자를 타고나지 않았으니 공부를 해도 소용이 없다는 말은 결코 사실이 아니다. 평범한 두뇌를 가진 학생들이 서울대학교에 진학하기까지 어떤 노력을 얼마나 많이 투여하는지 공부를 하지 않는 학생들은 상상조차 하지 못한다. 한 번도 그렇게 공부해 본 적이 없기 때문이다. 치열하게 노력해 원하는 학교에 입학한 이들에게 그 결과가 단순히 타고난 유전자 덕이라고 말하는 것은 모욕이 아닐까.

앞 사례에서 살펴본 학생들 역시 유전자나 지능 때문에 공부를 잘하거나 못하는 게 아니다. 성적이 나오지 않는다면 열심히 하지 않았거나, 방법이 잘못되었기 때문이다. 그러니 나의 성적이 만족스럽지 않다면 가장 먼저 내가 열심히 공부하고 있는가를 점검해 보자. 만약 정말 열심히 하는데도 성적이 오르지 않는다면 이때는 내 공부법이 올바르고 효과적인지 체크해 봐야 한다. 이 두 가지 요인을 모두 바로잡는다면 누구나 성적 상승을 이룰 수 있다.

내 노력의 기준은
정당한가?

★ ★ ★ ★ ★

내가 한 게 노력이 아니라고?

중학교 3학년인 민규는 극심한 사춘기를 겪으며 방황을 한 탓에 공부와 멀어졌다. 결국 2학기 기말고사 성적에 따라 인문계 고등학교 진학 여부가 결정되는 기로에 놓이고야 말았다. 이런 상황을 맞이하니 민규도 자신의 미래가 걱정되기 시작했다. 남은 중학교 시절을 잘 마무리할 방법을 고민하던 민규는 결국 인문계 고등학교로 진학하는 것이 올바른 방향이라고 결론 내리고, 이를 위해 남은 시간 공부에 매진하기로 했다.

하지만 민규의 학습 상황은 여의치 않았다. 특히 영어 실력은 기본기가 아예 없어 마치 허공에 떠 있는 상태나 마찬가지였다. 기본적인 단어조차 그 뜻을 알지 못하고, 기초가 부족하다 보니 영어학원에 가서도 최하위권을 벗어나지 못했다. 운이 좋아 인문계 고등학교에 진학한다 해도 이 상태로는 공부에 흥미를 잃고 학습 자체를 포기할 가능성이 높았다.

그렇다고 민규가 아무런 노력도 하지 않는 것은 아니다. 매일 책상에 앉아 문제집을 풀고, 친구를 따라 스터디카페에 가서 공부도 했다. 그러면서 이렇게 공부를 시작한 것이 노력의 일부라고 생각하고 다음 시험에서 조금의 변화라도 있을 것이라고 희망을 품었다.

그러나 현실은 냉정했다. 민규의 성적은 오르지 않았다. 성적표를 확인한 엄마의 반응은 더욱 냉담했다.

"그건 노력한 게 아니야."

민규는 억울했다. 엄마가 자신의 노력을 인정해 주길 바랐다. 하지만 성적이 오르지 않은 성적표라는 명백한 결과가 있으니 변명조차 할 수 없었다. 그렇다면 민규 엄마는 왜 이런 말씀을 하신 걸까?

실제로 엄마 눈에는 공부하는 민규보다 노는 민규의 모습이 더 많이 보였다. 주말에는 늦잠을 자기 일쑤였다. 그렇게 느지막이 일어난 뒤 조금 더 침대에 머물다가 친구가 공부를 하러 스터디카페에 간다고 했을 때야 겨우 따라나섰다. 공부 습관이 몸에 배지 않은 탓도 있겠지만 성적을 올리기 위한 노력도 한참이나 부족했다.

"본인이 인정하는 노력은 없습니다. '정말로 노력했는가'는 주변에서 평가해 주는 거죠."

민규와 민규 엄마는 노력의 기준이 서로 달랐다. 실제로 민규가 그랬던 것처럼 많은 학생이 '열심히 하는 것'의 정의조차 모르는 경우가 많다. 그리고 바로 여기에서 아무리 열심히 해도 성적이 오르지 않는 비극이 시작된다.

'척'이 아닌 진짜 공부를 해야 한다

공부는 다이어트와 비슷하다. 날씬해지기 위해서 지금 먹고 싶은 것을 참고 운동해야 하듯, 성적을 내기 위해서는 주변의 유혹을 이겨내고 공부에 집중해야 한다. 오늘 식사량을 조금 줄였거나 약간의 운동을 했다고 내일 당장 살이 쑥 빠지지 않듯 오늘 공부를 조금 했다고 내일 당장 점수가 올라가지 않는다. 공부도 다이어트도 성실하게 보낸 하루하루가 쌓여 성과로 나타난다. 계획대로 꾸준히만 하면 누구나 성공할 수 있다는 것도 공부와 다이어트의 공통점이다.

그런데 왜 공부도 다이어트도 성공하는 사람이 적을까? 그 과정이 힘들기 때문이다. 그 힘든 과정을 피하려고 요행을 바라기 때문이다. 그래서 무작정 굶는 다이어트를 했다가 요요 현상으로 고생하고, 기본을 쌓는 대신 요령을 부리다가 공부 구멍이 숭숭 뚫려 결정적인 순간에 성적이 무너져 내리기도 한다.

'척'이 아닌 '진짜' 노력은 결코 배신하지 않는다. 누구도 반박하지 못할 정도로 열심히 공부하면 반드시 성적은 오른다. 반대로 직접 책상에 앉아 펜을 잡고 공부하지 않으면 아무리 훌륭한 선생님을 만나도, 아무리 좋은 문제집을 구해도 성적은 오르지 않는다. 스스로 이 정도면 충분하다 여기고 만족하는 수준이 아니라, 누가 봐도 인정할 수밖에 없을 정도로 최선을 다하는 것이 진짜 노력이다.

다이어트도 공부도 꼼수는 절대 통하지 않는다. 내가 얼마나 노력했는가는 내가 아닌 타인의 평가에 달려 있음을 유념하고 진짜 공부를 할 때 비로소 성적이 오른다.

공부 습관부터
만들어라

★ ★ ★ ★ ★

정해진 시간에 책상 앞에 앉아라

대학 입시를 목표로 하는 학생이라면 누구나 열심히 공부할 것이라고 생각하지만, 사실 대부분의 학생은 열심히 하지 않는다. 그래서 수능을 치르는 모든 학생이 나의 경쟁자라는 생각과 달리 진짜로 나와 겨루는 경쟁자의 수는 많지 않다. 어찌 보면 수능이란 시험은 열심히 하는 소수만을 위한 잔치인 셈이다. 이는 그저 수능 시험에만 적용되는 현상은 아니다. 사회에 나와 직장에서도 마찬가지다. 무엇이든 시늉을 하는 사람은 많지만 정말 마음을 다해 열심히 하는 사람은 거의 찾아보기 힘들다.

공부를 열심히 하지 않는 학생들의 특징이 있다. 공부의 효율과 학습의 효과를 끊임없이 생각한다. 그러면서 자신의 학습 방법을 의심하고 고민한다. 그런데 사실 정말 공부를 잘하는 학생들은 그냥 한다. 그리고 놀랍게도 이렇게 공부의 효율이나 효과와 상관없이 그냥 공부를 하다 보면 정말로 공부를 잘하게 된다. 어찌 보면 열심히 하는 사람이 상위권으로 올라가는 게 아니라 그냥 하는 사람이 올라가는 셈이다. 이는 대부분의 사람이 실제로는 아무것도 하지 않기 때문이다. 그러니 일단 하면, 무조건 된다.

"하느냐 안 하느냐의 차이지, 열심히 하느냐 안 하느냐의 차이가 아닙니다. 열심히 하지 마세요. 그냥 하세요. 그러면 됩니다."

승제쌤

공부에는 머리와 엉덩이가 필요하다. 하지만 앞서 평범한 머리를 가진 사람도 얼마든지 높은 성적을 얻을 수 있음을 확인했다. 그렇다면 정말로 필요한 것은 무엇일까? 바로 무거운 엉덩이다. 다시 말해 공부하는 습관과 끈기를 길러야 한다. 그렇다면 공부 습관을 기를 수 있는 비책은 무엇일까?

이를 위해서는 알람을 적극 활용해 보자. 방법은 간단하다. 공부 시간을 정해두고 알람을 설정한 뒤 알람이 울리면 무조건 책상 앞에 앉아 공부를 시작하는 것이다. 처음에는 어색하고 미루고 싶을 수도 있다. 하지만 예외는 없다. 이렇게 공부 습관을 형성해 두면 책상 앞에 앉는 일이 점점 익숙해지고, 어느새 알람 없이도 스스로 책상 앞에 앉아 공부하는 자기 모습을 발견할 수 있을 것이다.

공부 습관 잡는 신데렐라 공부법

① 공부 시간을 정해놓고 휴대폰 알람을 맞춰 둔다.

② 알람이 울리면 무조건 책상 앞에 앉아라.

③ 그리고 공부를 시작하라. 이렇게 공부 습관을 쌓아나간다.

시간보다 중요한 집중력

그렇다면 무조건 오랜 시간 책상 앞에 앉아 있는 것이 좋을까? 그렇지 않다. 자신은 공부를 열심히 하는데도 성적이 잘 나오지 않는다고 이야기하는 상당수 학생이 엉덩이는 무거운데, 자신이 무엇을 해야 하는지도 모른 채 그저 멍하니 책을 붙들고만 있는 경우가 많다. 이렇게 의미 없이 앉아 있는 것은 노력을 하고 안 하고를 따질 것도 없이 무의미한 행위에 불과하다.

'4시간 자면 스카이에 가고 5시간 자면 실패한다'라는 속설은 더이상 통하지 않는다. 정말로 중요한 것은 단순히 책상 앞에 앉아 있는 시간이 아닌 '진짜' 공부량이다. 같은 한 시간을 책상 앞에 앉아 있어도 누군가는 진짜로 공부한 시간이 30분밖에 안 되고, 누군가는 한 시간을 꽉 채운다. 그 차이는 어디서 오는가? 바로 집중력이다. 결국 실제로 집중해서 공부하는 양이 성적을 좌우하는 것이다.

순공 시간에 집착할 필요는 없지만, 결국 학습의 관건은 순공 시간을 최대한 확보하는 것이다. 순공 시간을 확보하는 방법은 무척이나 간단하다. 내가 오늘 계획한 목표를 모두 끝낸 뒤에 잠자리에 들면 된다. 이게 바로 '열심히 하는 것'의 기준이다.

하루치 공부할 내용과 양을 스스로 정하고 철저하게 실행하라. 단순히 몇 시간 동안 책상 앞에 앉아 있고, 몇 시간을 잤는지가 중요한 것이 아니다. 내가 세운 계획과 약속을 지키고 오늘 하루를 마감했느냐 아니냐가 내 진짜 공부를 결정짓는다.

 "공부를 못하는 학생일수록 순공 시간에 집착합니다."

정식쌤

이 세상에서 가장 나쁜 일이 목표는 높지만 이를 이루기 위한 실천은 하지 않는 것이다. 그것처럼 불행한 게 없다. 차라리 목표를 낮추는 게 더 행복한 길이다. 그러니 내가 가고 싶은 대학이 있고 그 대학이 요구하는 수준과 내 실력 사이에 차이가 있다면, 그것을 채우기 위해서 오늘 목표로 한 것을 끝내야 한다. 오늘을 놓치면 내일도 놓치고 내일모레도 놓친다. 그러한 일상이 반복되면 결국 1년을 놓치고 만다. 오늘 끝내기로 계획한 일은 무조건 다 해내고 잠자리에 든다고 생각하자.

하지만 분명 이러한 악마의 속삭임에 흔들릴 때도 있을 것이다.

"아직 할 일을 다 끝나지 못했는데 벌써 하루가 다 지나가 버렸어. 일단 잠부터 자고 내일 아침에 맑은 정신으로 다시 시작하는 게 더 효율적일 거야."

하지만 이렇게 한번 타협하면 앞으로도 타협은 반복된다.

만약 이러한 유혹에 흔들리지 않고 끝까지 매달려 모든 할 일을 끝마쳤다면? 당연히 다음 날 학교 수업에 참을 수 없이 졸음이 밀려올 것이고 하루 종일 피곤할 것이다. 다음부터는 밤 늦게까지 목표한 바를 끝내는 대신 적당한 시간에 잠자리에 드는 것이 더 낫다고 생각할 수도 있다. 하지만 바로 그 순간, 자연스레 이러한 생각을 떠올려야 한다.

'다음에는 아침부터 열심히 공부해서 빨리 할 일을 끝내고 일찍 잠들 수 있도록 해야겠다.'

그러니 단 하루도 놓치지 말자. 내일부터라는 것은 없다. 지금 당장 시작해야 한다.

단, 부득이한 사정으로 할 일을 다 끝마치지 못했을 때 이를 만회할 수 있는 한 번의 기회가 남아 있다. 노력했지만 미처 끝내지 못한 공부는 주말 동안 완벽하게 끝낸다. 오늘 할 일은 결코 내일로 미루지 말고, 늦어도 그 주 안에 끝내자.

저스트 두 잇(just do it) 공부법

오늘 하루 공부 목표를 세우고 실천하는 데 다른 요행은 필요 없다. 그저 계획을 철저히 따르기만 하면 된다. 말 그대로 바로 행동하는 것이다. 이를 위한 최소한의 실천법을 소개한다.

① 오늘 자기 전까지 해야 할 공부 목표를 세워라.

: 내가 좋아하는 게임을 클리어하기 위해 오늘 어느 단계까지 얼마나 해야 하는지 목표를 세우듯, 공부 역시 하루 할당량을 구체적으로 정해두고 계획을 세워야 한다. 내가 이루어야 할 최종 목표에서부터 역순으로 계획을 세우면 하루 공부 할당량을 계산하기가 더욱 쉽다.

② 오늘 계획한 공부량은 오늘 안에 끝내라!!

: 계획을 세우는 것은 어찌 보면 준비 운동 단계라고 할 수 있다. 본격적인 운동은 직접 그 계획을 실천하는 것이다. 오늘 세워둔 계획을 모두 완료한 뒤 침대에 눕겠다는 각오로 아침부터 부지런히 학습해 목표한 공부량을 반드시 채워라. 이런 날들이 반복되면 부러 인정받으려 애쓰지 않아도 주변 사람이 먼저 나를 인정하기 시작한다. 작은 하루하루가 쌓여 노력이 되고 마침내 성공을 불러오는 법이다.

공부를 잘하는 특별한 방법은 없다

많은 학생이 유명한 스타 강사의 프리패스 수강권을 가지고 있으면 좋은 점수를 받을 거라고 착각한다. 정작 공부는 하지 않으면서 강의를 등록한 것만으로 공부를 시작했다고 착각하고 일종의 위안을 얻는 것이다. 학부모도 마찬가지다. 성적 상담을 하며 "일타 강사가 있는 학원에 보냈는데 왜 아이 성적이 안 오를까요?"라고 묻는다. 하지만 우리는 모두 답을 알고 있다. 누가 가르치든 스스로 공부하지 않으면 성적이 오르지 않는 건 너무나 당연한 일이다.

다이어트도 마찬가지다. 다이어트에 성공한 사람이 건강한 음식을 적당량 먹고 꾸준히 운동한 것이 성공 비법이라고 말하면 실망하기 일쑤다. 심지어 그 사람이 거짓말을 한다고 생각한다. 뭔가 특별한 방법이 있을 거라고 착각하기 때문이다. 그리고 특별한 방법이란 노력하지 않고 결과를 얻는 방법이다.

하지만 성적도 건강도 그렇게는 얻을 수 없다. 고통스럽더라도 내 몸에 좋은 음식을 먹고 운동하는 과정에서 즐거움을 찾아야 한다. 공부도 마찬가지다. 힘들더라도 공부하는 과정에서 즐거움을 찾아야 한다.

더불어 지금 고통스럽게 공부해도 결국 좋은 대학에만 가면 행복해질 것이라는 말 역시 사실이 아니다. 공부하는 지금, 목표를 향해 노력하는 지금이 즐거워야 한다. 그래야 대학에 가도 진짜 행복이 무엇인지 알고 더 즐거울 수 있다.

행복을 뒤로 미룰 필요도 없고 그래서도 안 된다. 지식을 채우고 모르는 것을 알아가는 과정 역시 얼마든지 즐겁고 행복할 수 있음을 명심하자.

방향이 잘못되면
어떠한 노력도 소용없다

★ ★ ★ ★ ★

죽어라 공부해도 늘 바닥이에요

고등학교 1학년 수혁이는 엉덩이가 무겁기로는 타의 추종을 불허한다. 하루 종일 철저하게 루틴에 따라 생활한다. 등교해서 수업 전 한 시간, 하교 후 저녁 식사 전까지 두 시간, 저녁 식사 후 한 시간, 자기 전 새벽까지 두 시간을 스스로 공부한다. 순공 시간만 여섯 시간에 달하는 셈이다.

이러한 수혁이의 생활 패턴으로는 당연히 성적이 좋아야 하지만 사실은 그렇지 않다. 무거운 엉덩이에 비해 성적은 가볍다. 성적이 제일 낮은 과목은 영어와 수학으로 영어 8등급, 가장 좋아하는 수학도 7~9등급을 벗어나지 못한다.

"죽어라 공부해도 늘 성적이 바닥이에요."

누가 봐도 공부를 열심히 하는데 성적이 안 나오니, 본인도 답답하고 주변에서 지켜보는 이들도 안타깝기만 하다. 공부를 열심히 하지 않으면 태도를 지적하고 혼내기라도 할 텐데 누구보다 성실하지만 결과가 기대에 미치지 못하는 아이. 도대체 무엇이 문제일까?

사실 수혁이가 이렇게 열심히 공부한 것은 7~8개월에 불과하다. 중학교 때도 공부를 완전히 놓은 것은 아니지만 사실 대충이었다. 고등학교에 입학한 뒤에야 지금과 같은 루틴으로 열심히 공부하기 시작했다. 물론 시작이 아무리 늦었다 치더라도 들이는 노력에 비해 성적이 너무 낮다.

당연한 말이지만 성적이 잘 나오지 않는 보편적인 이유는 물리적 공부량이 적기 때문이다. 실제로 많은 학생들의 공통적인 문제도 바로 엉덩이 힘이 부족하다는 점이다. 공부를 잘하려면 일단 시간과 노력을 많이 투자해야 한다. 엄청난 천재가 아니고서야 공부 시간과 성적이 일정 부분 비례할 수밖에 없기 때문이다.

그런데 시간을 많이 들이는데도 성적이 오르지 않는다면? 이때는 공부 방법을 점검해 봐야 한다. 비효율적이고 잘못된 방식으로 공부한 탓에 노력에 비해 성과가 따르지 않는 경우가 의외로 많다. 수혁이처럼 이미 엉덩이 힘을 가지고 있는 경우 올바른 공부 방식을 깨닫고 개선하면 충분히 성적 향상을 이룰 수 있다.

문제는 엉덩이 힘을 기르는 노력도 없이 공부법을 찾는 데만 혈안이 된 친구들이다. 이들은 공부법에 관한 책을 구매하기도 하고 명문대에 입학한 선배들의 후기를 찾아본다. 하지만 수준에 따라 학습법에는 명백한 차이가 존재한다. 당연히 자신의 현 상태에 따라 학습법이 달라져야 한다.

"골프를 잘 치려면 골프 연습을 해야지 골프책을 본 다고 실력이 올라가는 건 아니잖아요. 마찬가지로 공부를 잘하려면 말 그대로 공부를 해야 합니다."

정식쌤

공부를 잘하는 선배가 아무리 자세히 알려준다 해도, 자기 자신에 대한 정확한 파악 없이 그대로 따라 하는 것은 자칫 독이 될 수 있다. 나의 수준에 맞는 공부법은 모두 다르다. 심지어 똑같이 1등급을 받는 학생이더라도 개인의 성향에 따라 적합한 공부법이 다르니 나를 파악하고 나에게 맞는 공부법을 찾아야 한다.

'열심히 공부하는 나'에 취하지 마라

당연히 공부 경험이 적은 아이들은 공부하는 방법을 잘 모른다. 그래서 '지금부터 공부를 열심히 해보겠다'라고 마음먹은 뒤 무작정 책상 앞에만 앉아 있는 실수를 저지르곤 한다.

앞에서 소개한 수혁이가 바로 그런 경우다. 보통 영어 시험을 준비한다면 지문을 읽고 해석하는 것이 올바른 공부법일 텐데 수혁이는 그런 과정 없이 영어 지문만 그저 계속 바라보고 있었다. 사실 수혁이와 비슷한 실력의 아이들은 영어 지문이 언어라기보다 불규칙한 숫자의 나열처럼 아무런 정보를 담고 있지 않은 기호로 보일 가능성이 더 크다. 해석을 위한 기초가 전혀 없기 때문이다. 그러니 의미 없는 기호를 아무리 뚫어져라 처다본다 해도 학습이 될 리가 없다.

정식쌤

"우리의 의지력은 소모품이며, 할 수 있는 노력의 총량은 정해져 있습니다."

수혁이는 의지력이라는 그 귀중한 소모품을 쓸데없는 데 너무 많이 소비하고 있었다. 해석도 못하는 영어 지문을 한 달 동안 보고만 있었으니, 실력은 키우지 못한 채 체력만 소모한 셈이다. 밑 빠진 독에 하염없이 물을 붓는 것과 같다.

수혁이는 타이머를 맞춰놓고 정해진 시간 안에 모의고사를 푸는 실전 연습도 했다. 당연히 그런 연습이 필요한 단계에 도달하지 못했음에도 말이다. 수학 문제를 풀 때는 답을 먼저 찍어두고 답을 위한 풀이를 작성했다. 그저 필기라는 행위에 집착하는 전형적인 모습이다. 공부라는 행위에만 신경 쓴 나머지 진짜 내게 필요한 학습의 기회를 놓치게 된 셈이다.

그런데 이처럼 의미 없는 행동을 하면서 열심히 하는 자신에 취해 있는 아이들이 의외로 많다. 말 그대로 공부를 위한 공부에 빠져 있다. 자신이 열심히 공부하는 모습을 주변에서 봐 주길 바라며 칭찬을 기다린다. 이와 같은 자아도취와 인정 욕구에 빠진 아이에게는 칭찬이 독이 될 수도 있다. 실질적인 성과를 거두지 못하면서도 열심히 하는 것처럼 보이는 자기 모습에 만족하기 때문이다.

수업을 듣고 이해하기보다 필기를 예쁘게 하는 데 집중하는 아이들도 여기에 해당한다. 오답 노트를 작성할 때 깔끔하고 예쁘게 정리하느라 엄청난 시간을 소비하는 경우도 꽤 흔하다. 오답 노트 속 글씨나 정리법은 예쁘고 나무랄 데 없이 완벽하다. 하지만 공부보다 필기에 집중한 나머지 소중한 에너지를 진짜 공부가 아닌 노트 정리에 쏟아버리고 만다. 배움 그 자체보다는 노트 정리라는 뚜렷한 결과물에서 만족감을 얻기 때문이다.

이런 학생은 학습을 할 때도 '예뻐 보이는 게' 중요한 유형이다. 이들은 학업의 결과보다 깔끔한 노트 정리나 책상에 오래 앉아 있는 모습 등 곧바로 확인할 수 있는 겉모습을 포장하는 데에만 에너지를 쏟는다. 이처럼 주객이 전도된 아이들은 당연히 들이는 노력에 비해 성적이 오르기 힘들다. 엉뚱한 데에 한정된 에너지를 소비한 탓이다.

전속력으로 달리는 사람이 사실은 잘못된 방향으로 달리고 있다면 결국 어떻게 될까? 목표 지점과는 동떨어진 엉뚱한 곳에 도착해 오히려 전속력으로 달린 게 손해인 상황을 마주한다. 뒤늦게 올바른 방향이 어디인지 깨달았다 해도 이미 체력을 다 써버렸기 때문에 다시 힘을 내 달리기까지 더 오랜 시간이 걸리고, 심지어는 전처럼 잘 달리지 못할 수도 있다. 차라리 처음부터 달리지 않은 것보다 못한 격이 되고 만다.

공부 역시 마찬가지다. 노력도 중요하지만 그 노력을 쏟을 방향을 처음부터 올바르게 정하지 않으면 모든 것이 허사가 될 수 있다. 반면 노력이라는 기본 전제하에, 올바른 방향을 파악하고 올바른 방식으로 공부하면 좋은 결과는 당연히 뒤따라온다.

올바른 방향을 설정하기 위해서는 적절한 공부 목표를 세우고, 그 목표를 달성하기 위한 전체적인 계획과 전략을 짜야 한다. 만약 대학 입시를 목표로 하는 학생이 입시에 출제되지 않는 과목에만 집중한다면 이는 방향이 잘못된 것이다. 내가 진학하려는 대학교에서 중요하게 여기는 과목이 무엇인지, 그 과목에서 나의 학습 구멍이 어디인지 파악해야 한다. 올바른 학습 목표를 분명하게 설정하고 필요한 과목과 내용을 적절하게 배분하며 장기 계획을 세우는 것이 옳다.

올바른 방향을 정했다면 그다음엔 더 효과적으로 목표에 도달하기 위한 구체적인 방법과 기술, 즉 올바른 공부 방식을 익히자. 나에게 맞는 공부법을 통해 학습 내용을 더 잘 이해하고 기억할 수 있도록 하는 것이다.

그럼 올바른 방향과 방식은 어떻게 찾을 수 있을까? 그 시작은 자기 자신을 바로 아는 것에서 출발한다.

나를 알면 방향이 보인다

★ ★ ★ ★ ★

나의 공부 성숙도는?

자존심은 높지만 열심히 하지는 않는다. 스스로 계획하거나 실천하는 것은 여전히 어렵고 눈앞의 시험이나 숙제에만 급급하다. 숙제에 끌려다니는 수동적인 학습 습관에 허덕인다. 나를 위한 공부 계획도 없고 열심히 하지도 않는데 오히려 스트레스만 많이 받으며 괴로워한다. 혹시 자신의 이야기 같은가?

이런 특징을 갖는 학생들은 한마디로 '공부 성숙도'가 낮다고 표현할 수 있다. 공부 성숙도란 학습 과정에서 드러나는 성숙한 태도와 행동을 의미하는데, 단지 학습 능력뿐만 아니라 자기 주도적인 학습 태도, 시간 관리 능력, 구체적인 목표 설정 및 달성 능력, 문제 해결 능력 등을 포함하는 것이다. 자신의 공부 성숙도가 어느 수준인지 궁금한가? 아래 체크리스트 속 질문에 답해보며 스스로를 돌아보자.

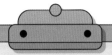

공부 성숙도 체크리스트

☑ **스스로 학습 목표를 설정하고, 학습 계획을 세우며, 학습 과정을 주도적으로 관리하는가?**
공부 성숙도가 높고 자기 주도적 학습을 실천하는 학생들은 스스로 공부할 시간을 정하고, 학습 자료를 찾으며, 필요할 때 도움을 요청할 줄 안다.

☑ **주어진 시간을 효율적으로 사용하여 학습 목표를 달성하는가?**
공부 성숙도가 높은 학생은 학습 계획을 세우고 우선순위를 정하여 중요한 과제부터 완료한다. 휴식 시간도 적절히 관리하여 쉽게 지치지 않는다.

☑ **명확한 학습 목표를 설정하고 이를 달성하기 위해 노력하는가?**

공부 성숙도가 높은 학생은 장기 목표와 단기 목표를 구분하여 설정하고, 목표 달성을 위한 구체적인 계획을 세워 실천한다.

☑ **학습 과정에서 발생하는 문제를 효과적으로 해결하는가?**

공부 성숙도가 높은 학생은 문제를 분석하고, 다양한 해결 방안을 모색하며, 최선의 해결책을 선택하고 실행한다.

☑ **자신의 학습에 대해 책임을 지고, 계획된 학습 활동을 성실히 수행하는가?**

공부 성숙도가 높은 학생은 학습 목표를 달성하기 위해 꾸준히 노력하고, 실패할 경우 책임을 회피하지 않고 원인을 분석하여 개선하려 노력한다.

☑ **자신의 학습 능력과 성과에 대해 긍정적으로 평가하는가?**

공부 성숙도가 높은 학생은 자신에 대한 믿음과 긍정적인 태도를 가지고 있으며, 실패에도 좌절하지 않고 다시 도전하는 태도를 보인다.

☑ **학습 과정에서 어려움이나 지루함을 극복하고 꾸준히 학습을 이어가는가?**

공부 성숙도가 높은 학생은 단기적인 성과에 집착하지 않고, 장기 목표를 위해 끈기 있게 노력한다.

나를 바로 아는 게 입시 성공의 시작이다

공부 성숙도가 낮은 학생들은 쉬운 말로 자기 주도 학습이 불가능하다. 이들은 왜 자기 주도가 안 되는 걸까?

승제쌤

"나의 현재 수준을 모를 가능성이 큽니다. 내가 어디가 약하고 어디가 강한지를 알아야, 즉 메타인지가 바로 서야 계획을 세울 수 있습니다. 약점을 제대로 파악해야 학습 계획을 세울 수 있는 거죠."

자기 주도하의 성숙한 공부를 위해서는 메타인지 능력을 키우는 것이 중요하다. '메타인지'란 자기 자신을 파악하는 능력을 뜻하므로 이를 통해 내가 무엇을 못하고 무엇이 부족한지, 내 학습 능력이 어느 정도인지 등을 알고 계획도 세울 수 있다. 나의 현재 위치를 모르면 어디로 어떤 속도로 나아갈지 알 수 없다.

공부 성숙도 체크와 메타인지를 통해 자신의 현재 상태를 파악했다면 그에 맞는 올바른 목표 설정을 하자. 아무런 학습 기초가 없는 학생이 상위권과 같은 목표를 향해 갈 수 있을까? 또 상위권과 같은 방식으로 공부를 하는 것이 가능할까? 그렇지 않다. 자기 수준에 맞는 목표와 방식은 따로 있다. 상위권 학생들도 그 과정을 거쳐 지금에 이른 것이다.

성적이 낮은 학생일수록 자기 자신에 대한 객관적 진단을 하지 못한다. 공부를 제대로 해본 적이 없기 때문이다. 공부에만 집중하고 나의 학습 시간을 측정해 본 경험이 있어야 나 자신을 파악하지 않겠는가. 자기 자신에 대한 진단이 없으면 나를 위한 계획도 세울 수 없다.

문제 풀이 속도 측정하기

메타인지가 제대로 이루어지지 않은 상태에서는 스스로 공부 계획을 세우지도 못하고 계획을 세워도 번번이 실패한다. 나의 수준을 알아야 계획도 세울 수 있다. 아래 방법을 통해 나의 현재 상태를 체크해 보자.

① 시간당 푼 문제 수 체크

과목별로 한 시간에 몇 문제나 푸는지 확인해 보자. 모르는 개념이 많을수록 문제를 푸는 데 망설이게 되고, 당연히 풀 수 있는 문제도 많지 않다.

② 시간차를 두고 문제 풀기 반복

예전에는 풀었던 문제도 시간차를 두고 다시 풀면 풀리지 않는 경우가 있다. 이 경우 온전히 내 실력이 아닌 찍기나 운이 좋아 정답을 맞힌 경우다. 그러니 나의 실력을 더 정확히 체크하기 위해서는 한 번이 아니라 여러 번 문제를 풀며 내 실력과 속도를 올바르게 파악하는 것이 더 좋다.

나의 수준과 약점을 파악하라

많은 학생이 모두에게 통하는 공부 방법이 있을 것이라고 착각한다. 상위권, 중위권, 하위권 등 내가 속한 등급에 따라 성적을 올리기 위한 궁극의 공부법이 있으리라 믿는 것이다. 그러나 사람마다 수준도 상황도 성향도 모두 다르기 때문에 공부하는 방식도 다를 수밖에 없다. 따라서 자신을 먼저 파악하고 그에 맞는 계획을 스스로 세워야 한다.

옆에 소개하는 '약점 노트' 만들기를 통해 나에 대해 더 자세히 살펴보고, 이를 바탕으로 진정으로 나를 위한 공부 계획을 세워보자.

약점 노트 만들기

문제 풀이 속도 측정을 통해 자신의 현 상태를 파악했다면 약점 노트를 통해서는 나의 약점을 보완할 계획을 세울 차례다. 약점 노트와 함께 비로소 나만의 맞춤형 공부 계획을 세워보자.

① 나의 문제점을 적어보자

약점을 알면 공부의 방향이 보인다. 찬찬히 나의 현 상태를 점검하며 나의 문제점이 무엇인지 작성한다.

② 내 속도에 맞는 공부 계획

아리스토텔레스는 "자신에 대해서 아는 것이 모든 지혜의 시작이다"라고 말했다. 공부에서도 마찬가지다. 나 자신을 아는 것이 입시 성공의 시작이다.

나만의 공부 목표를
설정하라

★ ★ ★ ★ ★

나만의 공부 계획, 이렇게 짜라

  자신의 수준을 알고 내가 무엇을 잘하고 못하는지를 정확히 파악하면, 무엇을 해야 할지가 자연스럽게 보인다. 그러면 학습 목표를 세울 수 있다.

  많은 학생이 크고 장기적인 목표를 세우는 데는 어려움을 겪지 않는다. 단지 그 목표가 진학하고 싶은 대학을 정하거나 1년 동안 성적을 몇 등급 올리겠다는 등의 막연한 것일 때가 많다. 게다가 시간이 지나면 어떻게든 되리라고 생각한다. 정작 오늘 하루는 허투루 보내면서 '아직 시간이 있으니 괜찮아'라고 자기 위안을 한다.

'1년 동안 성적을 올릴 거야!'라고 굳게 결심하더라도 오늘 당장 무엇을 해야 할지 모른다면 그 목표를 이룰 길은 요원하다. 장기 목표가 아무리 확고할지라도 구체적인 단기 목표를 세우지 않으면 긴 수험 레이스를 위한 동기부여를 얻기도 힘들다. 그러니 입시까지 필요한 전체 공부량을 역산해서 1년, 이번 달, 이번 주, 오늘 당장 무엇을 해야 할지 계획해야 한다.

방법은 간단하다. 내가 목표를 이뤄야 하는 날짜를 정하고, 내가 해야 하는 공부의 총량을 파악해 전체 공부량을 남은 날짜로 나누면 된다. 이 방법을 통해 하루에 내가 얼마큼의 양을 공부해야 하는지 명확하게 파악할 수 있으며, 하루 계획을 세우는 데도 도움을 얻을 수 있다.

이렇게 구체적인 공부량과 계획이 정해지면 무엇을 해야 할지 몰라 무의미하게 흘려보내는 시간을 현저하게 줄일 수 있다. 꾸준한 공부 습관이 자리 잡는 것은 덤이다. 뒷장에 실린 표에서 좀 더 구체적인 공부 계획법을 소개하니 이를 참고해 나를 위한 계획표를 만들어보자.

오늘 할 일이 보이는 공부 계획법

대학 입학이라는 장기 목표를 설정했다면 그 목표를 이루기 위해 이번 학기는 무엇을 하고, 이번 달, 이번 주, 오늘은 무엇을 할지 명확히 계획해야 한다. 목표에 따라 학습 계획을 세우고 학습 시간을 배분하는 것이다. 아래에 구체적인 방법을 소개하니 이를 참고해 나만의 공부 계획법을 설정해 보자.

① 나에게 필요한 총공부량을 파악한다.

가장 먼저 내가 목표로 한 성적과 현재 내 성적의 차이를 파악하라. 그다음 그 차이를 메꾸기 위해 1년 동안 얼마나 공부해야 하는지 과목별로 정확하게 파악한다.

② 전체 공부량을 12등분 한다.

1년은 12개월이므로 전체 공부량을 12등분 하면 과목별로 한 달 동안 공부해야 하는 양을 알 수 있다. 지금은 1년을 기준으로 했지만, 언제까지 목표를 이뤄야 하는지 그 기간은 학년마다 다르다.

만약 현재가 1월이고 수능이 11월이라면, 시험 직전 달인 10월은 시험 대비를 위해 빼놓고 9개월로 나누자.

③ 한 달 공부량을 다시 4등분 한다.

한 달은 4주이므로 한 달 공부량을 4로 나누면 일주일 동안 해야 할 공부량이 나온다. 명절이나 가족여행 등으로 공부하기 힘든 기간이 있다면, 그 주를 빼고 계산한다.

④ 한 주에 공부할 내용을 6등분 한다.

한 주간의 공부량은 다시 6등분 한다. 일주일은 7일이지만 일요일은 제외한다. 살다 보면 목표한 바를 하루에 끝내지 못한 날이 생길 수 있으니 남은 공부 내용은 일요일에 보충하기 위해서다. 이렇게 하면 평일에 공부해야 하는 분량이 나온다. 그만큼의 공부가 오늘 내가 해야 할 일인 것이다.

부득이한 경우를 제외하고 일요일에도 공부하는 일은 피한다. 하루쯤은 온전히 쉬는 것이 좋고, 월요일부터 토요일까지 해야 할 공부를 모두 마치고 일요일에 휴식을 취하면 공부한 내용을 머릿속에서 정리하는 효과도 얻을 수 있다.

이렇게 매주 공부량을 채우면 목표를 이룰 수 있을 것이다. 처음에는 욕심부리지 않고, 무리하지 않는 선에서 시작하자. 계획한 공부량을 채우는 경험을 통해 성취감과 보람을 느낄 것이다. 단계마다 목표를 가지고 하나씩 실행하다 보면 자연스럽게 공부의 동기를 찾을 수 있다. 그러면 "어, 나도 하니까 되네?"라는 생각이 들기 시작하고 자신감과 성취감이 붙는다. 결과적으로 성적도 올라갈 것이다.

>>> 2장

아이 입시를 망치는 부모, 살리는 부모

우리 아이에게
사교육이 꼭 필요할까요?

★ ★ ★ ★ ★

모두가 꿈꾸는 '인서울'

한국에서 학창 시절을 보내는 학생과 학부모라면 누구나 '인서울'을 꿈꿀 것이다. 높은 입시 경쟁률과 맞물려 등장한 개념인 인서울은 말 그대로 '서울 안에 위치한 대학교'를 말한다. 우리나라에서 경쟁력 있는 주요 대학교가 대부분 서울에 몰려 있기 때문이다. 인서울 대학교는 수험생들의 목표이자 심리적 마지노선으로 여겨지곤 해서, 수도권에 사는 학생은 물론이고 지방에 사는 학생역시 이곳에 진학하는 것을 목표로 삼는다. 자연스레 인서울 진학을 위한 경쟁이 치열해질 수밖에 없다.

사실 인서울의 기준은 사람마다 다를 수 있고, 실제로 시대에 따라서 달라지기도 한다. 기존에는 인서울이라 하면 지하철 2호선 라인에 위치한 대학들을 떠올리곤 했다. 2호선 대학 라인으로는 서울대(서울대입구역), 홍대(홍대입구역), 연세대(신촌역), 이화여대(이대역), 한양대(한양대역), 건국대(건대입구역) 등이 있다. 최근에는 2호선 라인 외에도 서울 버스 273번 라인이 핫하다. 273 버스 라인에는 고려대, 카이스트 포함 9개 대학이 위치한다.

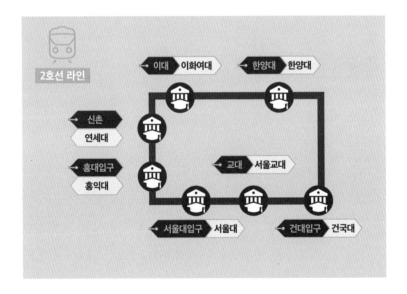

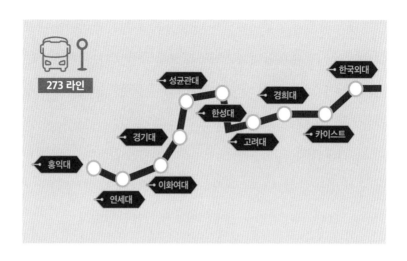

이처럼 인서울이란 명문대 진학을 꿈꾸는 학생들의 목표 자체이기 때문에 학생뿐 아니라 학부모에게도 매우 중요한 주제가 된 지 오래다. 다만 이러한 관심이 너무 과열된 나머지 사교육에 대한 과도한 의존으로 이어지기도 한다.

학원을 맹신하는 엄마

고등학교 1학년인 지예는 어릴 때부터 예체능을 포함해 족히 30~40개가 넘는 학원을 다녔다. 학년이 올라가면서 학업에 대한 부담이 커지자 학원에 대한 의존도 자연스레 늘었고, 지예의 학원비를 대느라 엄마가 알바까지 하는 상황이 발생하기도 했다. 다행히 엄마의 지원과 바람대로 지예는 공부를 곧잘 했다. 특히 영어는 영어유치원을 시작으로 다양한 조기교육과 선행학습 덕분인지 언제나 A등급이었다.

고등학교 입학 시기, 지예는 전국형 자사고를 준비하면서 6개월을 수험 공부로 불태웠다. 자사고 입학을 대비하는 학원의 한 달 비용은 300만 원이 넘지만 지예 엄마는 망설이지 않았다.

자사고 입시반은 주말 오전 10시부터 밤 10시까지 열두 시간 내내 공부하는, 이른바 '텐투텐(10 to 10)' 시스템으로 진행됐다. 거기다 다양한 면접 준비도 필요했다. 인성 면접은 물론이고 역사, 경제, 과학 관련 구술 면접을 모두 대비해야 했고, 영어 회화 면접을 포함해 무려 다섯 종류의 면접 준비가 필요했다. 지예는 부족한 영어 면접 준비를 위해 교포 선생님까지 섭외해 개인 면접 과외를 받기도 했다.

하지만 결과는 1차 전형 탈락. 지예도 엄마도 무척 실망스러웠다. 무엇보다 지예는 피나는 노력에도 목표를 달성하지 못하자 학업에 대한 자신감을 많이 잃어버리게 되었다. 요즘 지예는 시험 문제를 보면 무섭기까지 하다. 게다가 일반고에 진학한 지예의 성적 역시 고민이다. 지예 본인과 엄마에게 모두 실망스러운 점수이기 때문이다.

지예 엄마는 이러한 상황에서 벗어나기 위해 가장 먼저 학원으로 향했다.

"다른 엄마들도 아이 성적이 안 나오면 학원부터 싹 바꿔요."

지예 엄마는 성적 하락의 원인이 문제를 이해하지 못하는 지예의 국어 실력에 있다고 추측했다. 곧바로 새로운 국어 학원에 등록하기 위해 발품을 팔아 여러 학원을 둘러보고 각각의 커리큘럼과 인원 등을 꼼꼼하게 확인했다. 정말 좋은 학원을 찾으면 아이의 성적도 자연스럽게 오르리라고 믿었기 때문이다.

자녀를 학원에 보내는 대부분의 부모님은 치열한 경쟁 환경 속에서 학원만이 아이의 성적을 올려줄 수 있는 비결이라고 믿는다. 학교 교육만으로는 다른 아이들을 앞설 수 없고, 또 학원에서만 배울 수 있는 특별한 학습 노하우가 있다고 생각하기 때문이다. 게다가 다른 아이들이 모두 다니는 학원을 우리 아이만 가지 않으면 경쟁에서 뒤처질지 모른다는 불안감이 더해져 아이들을 자꾸만 학원으로 내몬다.

하지만 정말로 학원이 모든 문제의 해결책일까? 엄청난 지원과 노력을 사교육에 쏟아부었지만 어쩐지 지예의 성적은 여전히 제자리다. 부모 입장에서는 성적이 오르지 않는 게 의아하기만 하다.

실제로 이런 아이들의 사례는 적지 않다. 대체 이유가 무엇일까?

학원에 의존하는 아이

하지만 조금만 냉정하게 현실을 돌아보면 과도한 사교육이 '정보력'이라는 말로 과대 포장되었음을 알 수 있다. 물론 학원을 무조건 반대하는 것은 아니다. 스스로 공부하는 게 어렵다고 느끼는 아이들에게는 당연히 학원이 도움이 될 수 있다. 체계적인 학습 계획과 지도가 가능할 뿐 아니라 정해진 시간에 공부를 하고 숙제를 하며 학습 습관을 바로잡을 수 있기 때문이다. 게다가 정기적인 평가도 이뤄지기 때문에 자기 관리가 어려운 학생들에게는 학원 시스템이 매우 유용할 수 있다. 이처럼 우리 아이의 학업 수준이 어느 정도이고, 지금 필요한 공부가 무엇인지를 정확히 파악한 뒤 이를 충족할 수 있는 학원에 보내는 것이라면 당연히 도움이 된다.

하지만 이런 현실 파악 없이 '어느 학원이 괜찮다더라'라는 말이 들리면 일단 그 학원에 등록하고 보는 부모가 많은 것도 사실이다. 그러고는 '왜 학원에 다니는데도 성적이 안 오르지?'라고 의아해하는 것이다. 본질은 저 멀리 치워놓고, 불안감 때문에 사람들 사이의 이야기를 무턱대고 믿고서 우리 아이에게도 적용하려 했음에도 말이다.

이런 상황에서는 아이들 역시 학원을 다니지 않고서는 공부할 수 없다고 생각하기 쉽다. 실제로 너무나 많은 아이들이 방과 후 학원에 다니고 있고, 심지어 주말에도 학원에서 공부하는 것을 당연하게 여긴다. 개중에는 주변 친구들이 모두 학원에 다니니 자기도 학원에 다니고 싶다고 생각하는 경우도 있다. 내신 준비 역시 마찬가지다. 부모의 압박과 주변 분위기가 학원을 당연한 것으로 만든 것이다.

정식쌤

"내신 문제는 누가 출제하죠? 학교 선생님이죠. 그런데 왜 학교 수업은 듣지도 않고 학원에서 내신 대비를 하죠?"

하지만 반드시 깨달아야 한다. 이는 주객이 전도된 상황이다. 시험 문제는 모두 학교 선생님이 출제하는데, 내신을 위해 학교 시험 문제를 더 잘 추측하는 학원에 아이를 맡기려 노력한다. 이 얼마나 모순적인 일인가.

학원을 다니는 게 당연시되다 보니 아이들도 학원에 집착하는 경우가 많다. 수학과 영어 모두 기본 개념조차 모르는 상태인데 자기 수준에 맞지 않는 학원에 다니며 선행에만 열을 올린다. 오히려 엄마는 학원 다니기를 잠시 멈추고 초등학교, 중학교 과정부터 구멍 난 곳을 찾아 개념 정리부터 채워 나가자고 해도 학생이 고집을 꺾지 않고 선행을 고집한다. 무슨 이유 때문일까?

이런 경우에는 아이들에게 심리적 문제가 있지는 않은지 살펴야 한다. 사실 선행을 고집하는 아이 중 상당수가 본인 스스로도 기본부터 차근차근 공부해 나가야 한다는 사실을 잘 알고 있다. 그런데 기본부터 차근차근 공부했음에도 성적이 오르지 않는 상황을 마주하면 여태 지켜온 모든 공부 자존심이 무너져 내릴까 두려운 것일 수 있다. 차라리 선행학습을 하면 만약 공부를 따라잡지 못한다고해도 진도가 너무 빠르거나 아직 뒤의 내용을 다 배우지 못했기 때문이라고 생각할 수 있어 더 안전하다고 여기는 것이다.

이와 비슷한 맥락으로 처음부터 일부러 허황된 목표를 세우고 그 안에서 안정감을 느끼는 학생도 있다. 본인은 삼수생이고 모의고사 점수가 평균 4~5등급인데 자신의 목표가 서울대 의대라고 말한다. 어차피 수험에 실패할 거라면 차라리 목표를 높게 잡고 이루지 못하는 편이 더 멋있어 보인다고 생각하는 것이다. 그러면서 그저 학원만 열심히 다닌다. 하지만 그렇게 해봤자 얻는 게 없다. 자존심이 상하더라도 나의 진짜 마음을 들여다보며 내가 무엇을 두려워하고 회피하는지 파악한 뒤 이를 인정해야만 변화를 꾀할 수 있다.

학원은 만능이 아니다

학생도 학부모도 학원에 대한 오해와 맹신으로 가득하다. 하지만 분명한 것이 있다. 학원에 다닌다고 해서 저절로 성적이 오르는 것은 절대로 아니라는 사실이다. 중요한 것은 내 수준에 맞는 공부를 통해 부족한 부분을 메우는 과정이다. 이것이야말로 진정한 공부다.

부모의 기대와 압박으로 왜 다니는지 이유도 알 수 없는 학원을 전전하다가 학습에 대한 부담과 스트레스로 오히려 성적이 떨어지는 경우도 부지기수다. 학생의 성향에 따라 학원 없이 혼자서 공부하는 방법이 더 효율적일 수도 있다. 사교육은 어디까지나 목적이 아니라 수단이다. 그만큼 아이의 상황과 학습 수준, 성향에 맞춰 현명하게 이용해야 한다.

승재쌤

"좋은 학원에 보내면 모든 게 이뤄질 것 같은, 학원에 의존하는 무모한 기대 심리를 가진 부모가 많습니다. 하지만 학원은 만능이 아니에요."

지예는 학원에 다닌 기간이 오래됐을 뿐 아니라 지금껏 다닌 학원의 개수도 남부럽지 않게 많다. 그런데 하나의 학원을 끈기 있게 다니기보다는 이 학원 저 학원을 전전했다. 처음엔 잘 다니나 싶다가도 몇 주만 지나면 이내 선생님이 마음에 안 든다, 같이 공부하는 친구들이 마음에 안 든다며 학원을 옮겨야 하는 이유를 찾는다. 그때마다 엄마는 새로운 학원을 찾아 헤맸다. 지예는 왜 자꾸만 학원을 옮기는 걸까?

"스스로 공부하는 것이 아니라고 느껴지고 마음가짐이 흐트러지면 학원을 옮겼어요. 성격상 상황에 영향을 많이 받기도 하고, 민감한 것도 사실이에요. 같은 반에 공부를 열심히 하지 않거나 시끄러운 친구가 있으면 자꾸 신경 쓰이고, 선생님과 잘 맞지 않을 때도 있고요. 저에게 거슬리는 부분이 있으면 바로 학원을 옮겨요."

결국 지예가 학원을 자주 옮긴 이유는 학원 자체의 문제라기보다는 스스로 공부할 마음을 잡지 못했기 때문이다. 그러면서 애꿎은 학원 탓을 했다.

그런데 한번 잘 생각해 보라. 공부를 잘하는 아이 중 학교나 독서실에서 자리를 계속 옮겨 다니는 아이가 있던가? 마찬가지로 학원을 계속 옮겨 다니는 아이 역시 좋은 성적을 기대하기 어렵다. 그 이유는 간단하다. 학원을 자주 옮기면 옮길수록 학습의 연속성이 끊기기 때문이다.

게다가 학원마다 커리큘럼과 교재, 교육 방식이 달라서 그 시스템에 적응하기 위해서는 학생에게도 어느 정도 시간이 필요하다. 그런데 학원을 너무 자주 옮겨 다니면 공부는커녕 학원 시스템에 적응할 시간도 부족하다. 자주 이사를 다니거나 회사를 옮기는 사람이 새로운 환경에 적응하느라 스트레스를 받는 것과 비슷한 상황이다. 환경에 적응하기 위해 많은 에너지를 소모할수록 정작 학업에 쏟을 에너지가 부족해지는 것은 어찌 보면 당연하다.

마지막으로 학원을 자주 옮겨도 성적이 오르지 않는다면 아무리 자신만만한 학생이라도 점차 자신의 능력에 의구심을 가질 수밖에 없다. 자연스레 공부에 대한 동기부여도 떨어지게 된다. '나는 아무리 해도 안되는구나', '아무리 나에게 맞는 환경을 찾아나서도 부족하기만 해'라는 식의 부정적인 자기 암시가 강화될 수 있다.

요즘 학생들 대부분이 결핍을 경험하지 못한 것 역시 문제라 할 수 있다. 실제로 '엄마가 다 지원해 줄 테니 너는 공부만 잘하면 된다'라는 식의 태도가 만연하다. 하지만 공부라는 행위는 결핍을 스스로 극복해 가는 과정의 연속이다. 모르는 문제를 만나고, 내게 부족한 지식을 채우며, 문제를 해결해 나가는 힘을 기르는 것이 바로 학습이고 공부다. 궁극적으로 이러한 문제 해결 능력을 기르지 않는다면 설사 잠깐 성적이 올랐다 하더라도 후에 더 어려운 문제, 더 경쟁적인 환경에서는 모래성처럼 무너지기 쉽다.

학원을 다녀도 성적이 오르지 않는다면, 도저히 공부 습관이 들지 않는다면 학원을 자꾸 옮기는 대신 학원 없이 혼자 공부하는 경험을 해봐야 한다. 어떤 환경에서든 공부에 집중하는 습관을 스스로 길러야 한다. 그렇다면 학원이 필요한 경우는 언제일까?

 "아이가 가고 싶다고 할 때 보내면 됩니다."
승제쌤

답은 간단하다. 학원은 결코 습관적으로 가서는 안 된다. 스스로 필요한 때를 깨닫고 선택해 가야 한다. 아이의 수준과 필요에 맞는 학원을 정확히 택해야 한다. 내가 진짜 필요해서 학원에 등록한 것인지, 아니면 그저 무의식적으로 학원에 의존하는 것은 아닌지 먼저 파악해야 한다. 학원에 과도하게 의존하면 스스로 문제를 해결하려는 노력이 줄어들고, 자기 주도 학습 능력을 기를 기회조차 얻을 수 없다.

선행을 안 하면
우리 아이만 뒤처질 것 같아요

★ ★ ★ ★ ★

대치동에 가면 무조건 성적이 오를까?

대치동은 명실공히 대한민국 사교육 1번지다. 대치동에는 학원만 1609개가 있고 학원 근처 편의점에는 고카페인 에너지드링크를 구매하는 학생들의 행렬이 끊이지 않는다. 서둘러 음료를 마신 아이들은 자연스레 다음 학원으로 향하며 대화에서도 단연 학원이야기가 주를 이룬다.

"상위권을 차지하려면 텐투텐(10 to 10)이 기본이지. 나는 이번에 방학 특강도 등록했어."

다른 친구들이 이미 고1 과정 수학을 공부하고 있다는 걸 확인한 아이는 그보다 느린 자신의 학습 속도에 불안감을 느낀다. 다른 친구는 하루에 고3 수준 영어 단어를 50개씩 외운다고 한다. 얘기를 들은 나 역시 하루라도 빨리 친구들의 진도를 따라잡아야 할 것 같다. 당연히 마음이 조급해지고 다른 아이들의 학습법을 따라하게 된다.

하지만 실상을 살펴보자. 사실 정말 많은 학원이 현실적으로 모두 처리가 불가능할 만큼 엄청난 양의 숙제를 내준다. 그런데 학습에 예외는 없다. 모두가 이 숙제를 끝내야만 한다. 숙제를 하지 못한 채 학원에 가면 남은 숙제를 모두 처리할 때까지 집에 보내주지 않는다. 게다가 이런 상황이 반복되면 남들은 다 하는 숙제를 혼자서 따라잡지 못한다는 불안감이 더욱 커진다. 그러니 우선은 주어진 숙제를 완료하는 데 급급하다. 정작 내게 부족한 부분이 무엇인지 파악하지는 못하고, 이를 채우기 위한 진짜 학습의 기회도 놓치고 마는 것이다.

영어를 예로 들어보자. 학원에서는 매일 외워야 하는 엄청난 양의 영단어가 주어진다. 아이들은 학원 시험에 통과하기 위해 이 단어를 달달 외우는 데 혈안이 된다. 그런데 사실 그 과정은 그저 단어의 한글 뜻을 암기하는 것에 그친다.

homeostasis(항상성)라는 단어를 암기한 학생에게 "항상성이 뭔지 아니?"라고 물어보면 아이는 "homeostasis요"라고 답할 것이다. 항상성의 뜻에 관한 질문이지만 아이는 질문의 의도도, 항상성의 의미도 알지 못한다. 그 단어에 내포된 의미는 전혀 파악하지 못한 채 그저 주어진 글자만을 외웠기 때문이다. 이런 식으로 단어를 암기한 학생은 이 단어를 활용한 문제가 출제돼도 틀릴 수밖에 없다. 지문의 전체 맥락을 파악하는 독해가 불가능하기 때문이다.

이런 암기가 무슨 의미가 있을까? 지금 당장은 수능을 위한 기술을 배웠다고 생각할지 모르지만 이런 식으로 공부한다면 아무런 지식도 쌓을 수 없다. 당연히 만족스러운 성과도 얻을 수 없다.

늦은 밤, 엄청난 양의 학원 공부를 끝내고 기진맥진한 상태로 집으로 돌아가는 수많은 아이 중에서 정말 의미 있는 공부를 하는 아이는 과연 얼마나 될까?

수학 겉핥기식 선행에 물든 아이들

아이의 입시를 위해 고등학교 진학 시점에 맞춰 지방에서 대치동으로 이사 오는 경우도 많다. 아이가 학교에 간 낮 동안 엄마는 대치동 학부모들 사이에 공유되는 정보를 얻고자 여러 모임에 참석한다. 어떤 학원이 요즘 가장 인기가 좋은지, 우리 아이에게 잘 맞는 학원이 어디인지 빨리 결정해야 하는데 물어볼 곳이 마땅치 않기 때문이다. 지방과 너무 다른 대치동 학원가에 적응하기 위한 정보를 얻고 싶은 마음도 크다.

모임에서 만난 옆자리 엄마는 본인의 아이가 초등학교 때 영어 공부를 위해 조기 유학을 떠났다가 중학교 입학에 맞춰 다시 한국에 돌아왔다고 했다. 지금은 대치동 학원을 다니며 다시 영어 공부를 하는 중이다. 조기 유학을 다녀왔으니 당연히 영어를 잘할 텐데 왜 또 영어 학원을 보내는 것일까? 학교 내신 준비는 물론이고, 입시에 필요한 영어 토론이나 독서 대회에 대비하기 위해서다. 이처럼 대치동에는 단순히 내신이나 입시를 넘어, 특정한 자격이나 대회를 대비하기 위해 특성화된 학원들도 부지기수로 많다. 부모님들이 학원 선택에 더더욱 골머리를 앓는 이유다.

그렇다면 대치동 아이들의 선행학습 수준은 어느 정도일까? 흔히 영어는 초등학교 때 끝내야 하며 만약 아이가 중3이라면 수학은 고2 과정을 공부하는 것이 평균이다.

"수학은 공부할 양이 많으니까 고등학교 입학 전에 미리 끝내놔야 고등학교 때 다른 과목들을 준비할 수 있지 않겠어요?"

당연히 이론상으로는 모든 학습을 미리 끝내는 게 좋다. 하지만 현실은 다르다. 개념에 대한 완전히 이해 없이 문제 푸는 법만 기계적으로 배우고, 진도를 빼는 일에만 급급한 것이 선행학습의 실상이다. 대한민국 사교육의 분위기가 수박 겉핥기식으로 진도만 빼는 선행학습에 물들어 있기 때문이다. 이런 식으로 선행학습을 경험하면, 분명 선행학습을 통해 모든 내용을 미리 배웠는데도 막상 고3이 되었을 때 중등 과정을 제대로 몰라서 다시 기본으로 돌아가야 하는 일이 발생한다. 선행학습을 경험한 학생 대부분이 그렇다.

 "저는 중학생들이 중학교 수학을 잘 푸는 나라가 되었으면 좋겠어요."

승제쌤

중학생이 중학교 수학을 공부하지 않는 현실. 학년에 맞는 공부를 잘하기만 하면 아무런 문제가 없음에도 뒤처질지 모른다는 불안과 앞서가고 싶다는 욕망이 뒤엉켜 기이한 현상을 낳고 있다.

아이들의 수준은 제각기 다르다. 그것이 당연하다. 그런데 최상위권 아이의 학습법만이 옳다며 너도나도 조바심에 아이들을 다그친다. 하지만 그렇게 해서는 아무것도 해결되지 않는다. 그저 아이와의 불화만 남을 뿐이다.

엄마의 정보력이 그렇게 중요한가요?

사실 강남의 학원가에서는 엄마들이 서로 정보를 공유하고, 이를 통해 자녀의 학습 전략을 세우는 사례가 많다. 엄마들로부터 얻은 정보를 자녀의 학습에 반영하는 것이다. 이런 정보는 학부모들 사이에서 고급 정보로 여겨져 이를 얻기 위해 무리해서 대치동 학원가에 입성하는 경우도 적지 않다.

누구나 자녀가 더 좋은 환경에서 공부하기를 바란다. 하지만 그렇다고 해서 모두가 대치동에서 자녀를 교육시킬 수는 없다. 초등학교 때부터 부모가 나서서 아이의 공부 습관을 바로잡는다면 좋겠지만, 상황이 여의치 않은 경우도 많다. 바쁜 생활로 인해 자녀교육에 신경 쓰기 힘들 수도 있고, 가족에게 힘든 일이 닥쳐서 아이의 공부를 돌보는 데 소홀할 수도 있다. 그리고 이런 상황에서 많은 부모가 자녀에게 미안해한다. 엄마의 정보력이 부족하거나 물질적

지원이 모자란 것 같아 자식 앞에서 한없이 작아진다.

학업에 적극적이지 않은 부모님에게 섭섭해하는 자녀들도 있다. 친구들은 부모님이 진작 입시 정보를 꿰고 있으니 대화도 더 잘 통하고 공부 방향도 명확한 것 같아 부럽다는 것이다. 이러한 분위기 때문인지 아이 입시를 부모가 함께 치른다는 말이 점점 더 자연스러워진다.

물론 교육부의 입시 정책과 대학의 입시 요강이 자주 변경되는 것이 현실이고, 그만큼 최신 정보를 꾸준히 수집하고 분석하는 것이 입시에 유리할 수 있다. 내가 진학하려는 대학교가 어떤 새로운 전형을 도입했는지, 합격자의 성향은 어떠한지 등을 미리 파악할 수 있기 때문이다.

그러나 정보력이라는 말에 갇혀 입시의 본질을 잊고 있는 것은 아닌지 생각해 봐야 한다. 공부를 잘하려면 공부를 해야 한다. 기가 막힌 정보력을 가지고 있어도 공부를 하지 않으면 그 정보는 아무런 쓸모가 없다.

정식쌤

"입시 정보를 수집하는 것보다 성적을 만드는 게 입시에 성공하기 위한 훨씬 좋은 방법입니다. 아니, 유일한 방법입니다."

입시의 성공이란 결국 성적 상승에서 비롯된다. 입시 전략은 실제 입시를 준비할 때 생각해도 늦지 않다. 어떤 전략도 실력에 앞설 수는 없다.

특별한 공부법이 있을 거라고 믿는 학생만큼이나 입시에 성공할 수 있는 특별한 정보가 있다고 믿는 부모도 많다. 그러나 지금처럼 정보가 넘치는 시대에 숨은 정보가 따로 존재하는 것은 사실상 불가능하다. 대학 입시에 관한 모든 정보가 모두에게 공평하게 공개되며, 수능 문제를 미리 알 수도 없는 노릇이니 말이다.

부모가 새로운 입시 정보를 얻었다며 이런저런 말에 휘둘리면 오히려 아이의 입시에 악영향을 줄 수 있다. 특히 외부 정보를 얻는 것보다 중요한 것이 우리 아이의 상황을 정확히 파악하는 일이다. 우리 아이의 학업 수준이 어느 정도인지, 어떤 점이 부족한지, 부족한 점을 채우기 위해서는 어떻게 해야 하는지를 먼저 생각하자.

옆집 아이가 영어 토론이나 독서 학원에 다닌다고 해서 우리 아이도 그곳에 보내야 할까? 과연 그것이 우리 아이에게 필요한 공부일까? 아이의 수준과 상황에 따라, 또 어떤 종류의 입시를 준비하느냐에 따라 입시 전략과 로드맵은 완전히 달라진다. 국제고에 들어가서 유학을 준비하는 아이의 로드맵과 좋은 내신을 바탕으로 국내 상위권 대학에 진학하는 아이의 입시 로드맵은 결코 똑같을 수 없고 똑같아서도 안 된다.

주변 상황에 흔들리지 않고 내 아이에게 가장 적합한 교육을 하기 위해서는 부모가 먼저 중심을 잡아야 한다. 부모가 흔들리면 아이의 입시에 방해만 될 뿐이다.

아이 수준과 시기에 맞는 학습이 답입니다

★ ★ ★ ★ ★

과도한 선행으로 생각하는 법을 잊어버린 아이

초등학교 6학년 아이가 선행학습으로 중등 과정을 학습하고 있다면 당연히 그 과정은 버거울 것이다. 하지만 아이의 엄마는 오히려 조급하기만 하다. 중학교, 고등학교에 진학해 또래보다 더 나은 성적을 얻기 위해서는 더 빨리, 더 높은 학년의 학습을 끝내야 한다고 믿기 때문이다. 그러니 빨리 진도를 나가고 더 많은 문제를 푸는 데에만 집착한다. 더 빠른 선행 진도에만 신경 쓰는 것이다.

학원을 방문해 상담을 진행하면 이러한 요청을 하는 학부모도 많다.

"우리 아이가 아직 선행이 느려요. 늦어도 겨울방학 때까지 고3 과정을 끝내주세요."

"고등학교 과정은 아직 한 번밖에 못 봤어요. 빠르게 두 바퀴는 돌려주세요."

고객이 아이를 제대로 학습시키는 것보다 빠르게 진도 나가기를 요청하니, 학원 입장에서는 소비자의 만족을 위해 그에 걸맞은 결과를 보여줄 수밖에 없다. 그러니 아이가 제대로 이해하고 따라가는지를 확인하고 점검하기보다는 더 많은 숙제를 내주고 진도를 빼기에 바쁘다.

이렇다 보니 학원 숙제를 대하는 학생들의 태도에도 문제가 나타난다. 너무 많은 양의 숙제를 해치우려다 보니 문제를 빨리 푸는 데 급급해지는 것이다. 영어 문제를 풀다가 해석이 조금이라도 막히면 곧바로 해설지를 펼친다. 수학도 마찬가지다. 문제를 읽고 곧바로 풀이가 떠오르지 않으면 바로 답안지를 확인한다. 빠르게 풀리지 않으면 모르는 문제라고 생각하기 때문이다.

그런데 생각해 보자. 아는 문제를 계속 빠르게 푸는 것이 올바른 학습일까? 아는 문제만 반복해서 푸는 것은 그야말로 시간 낭비다. 내가 아는 걸 확인하는 데 지나지 않기 때문이다. 공부란 부족한 부분을 채우는 과정이고, 그 과정을 지속해야 성적이 오른다. 그리고 이를 위해서는 어려운 문제를 접한 뒤 문제를 파악하고 고민할 시간이 필요하다.

'이 문제가 묻고 있는 것이 무엇이지? 이 문제를 푸는 방법이 무엇일까?'

공부는 이 질문에서 시작된다. 문제를 파악하고 여러 방면으로 생각하며 풀이 과정을 깨닫는 것이 바로 공부다. 이러한 과정은 외면한 채 생각할 틈조차 주지 않는 빨리빨리 공부법으로는 성적이 오를 수 없다. 이는 공부를 전혀 하지 않는 것과도 같다.

속도에만 집착하는 아이들의 학습에는 구멍이 존재할 수밖에 없다. 수많은 학부모에게 이 구멍을 채우지 않으면 성적 상승은 기대할 수 없다고 조언해도 대부분 새겨듣지 않는다. 오히려 '우리 아이가 어렸을 때 선행을 얼마나 많이 나갔는데 구멍이 존재할 리 없다'라고 말한다. 진도를 빨리 나가는 것이 공부의 전부라고 생각하기 때문이다.

하지만 명심하자. 구멍 난 기초 위에 그저 빠르게 진도만 얹어 나가는 행위는 고등학교 진학 후 성적 추락의 원인이 될 수 있다. 기초를 잘 닦아야 다음이 있다. 탄탄한 기초야말로 전체적인 학습 속도가 빨라지는 비법이다. 결국 우리의 목표는 입시에 성공하는 것이다. 지금 당장 선행 진도에 시선을 빼앗겨 전체 입시를 망치는 실수를 범해서는 안 된다.

올바른 선행학습의 기준은 무엇일까?

최근 유명한 선행 트렌드는 이른바 '메디컬 라인'으로, 의료 관련 학과에 진학하기 위한 선행학습을 진행하는 것이다. 최근에는 이러한 열망과 더불어 선행의 열풍이 더욱 강해졌다.

그중 가장 높은 인기와 경쟁률을 자랑하는 곳이 바로 의대다. 최근에는 최상위권 학생들 대부분이 자연스레 의대를 목표로 할 정도다. '삼룡의'라는 말까지 등장했는데, 순천향대, 한림대, 인제대처럼 대학 캠퍼스는 지방에 있으나 본 병원은 수도권에 있는 의학과를 뜻하는 단어다. 이들 대학은 비록 지방에 위치했어도 고려대 최상위학과와 견줄 만큼 경쟁률이 치열하다.

뜨거운 진학 열기 탓일까, 최근 대치동 학원가에는 이러한 말이 정설처럼 존재한다. '의대 입시는 초4부터 준비해야 한다.' 의대 진학을 위해서는 중학교, 심지어 초등학교 때부터 입시 준비를 시작해야 한다는 것이다. 이는 조기 사교육을 통해 학업 성취를 극대화하려는 부모들의 의지가 반영된 현상이다.

고등학교 입학을 앞둔 중학교 3학년 윤서 역시 서울대 약대에 진학하겠다는 당찬 포부를 가지고 있다. 윤서는 중2 여름방학부터 영어 학원에 다니기 시작했고, 현재 수학은 고2 과정을 선행하고 있다. 그런데 윤서의 친구들은 초등학교 저학년부터 선행을 시작했고 이미 고등 모의고사를 섭렵했음을 최근 알게 됐다. 자연스레 윤서 엄마는 윤서가 너무 늦게 공부를 시작한 것이 아닌지 걱정되기 시작했다. 남들은 초등학교 때부터 선행을 한다는데 중학생이 되어서야 선행을 하고 있으니 말이다. 너도나도 선행 진도를 빨리 나가는 데 혈안이 되어 있다 보니, 이미 수학을 3년이나 선행하고 있는데도 늦었다는 생각이 드는 것이다.

"무조건 미리 공부한다고 좋은 게 아닙니다. 시기적 절한 공부를 해야 합니다."

정식쌤

선행을 무조건 많이 하는 게 좋다면, 전국에서 가장 빠른 선행을 진행하는 이른바 '대치 키즈'들의 서울대학교 진학 비율이 압도적으로 높아야 할 것이다. 하지만 실제로는 전혀 그렇지 않다.

서울대의 〈2020~2022학년도 입학생 시·도별 합격 현황〉 자료에 따르면 2022년 수시·정시로 서울대에 입학한 신입생 총 3396명 중 서울 출신은 1225명, 그중에서 강남 3구 출신은 403명이다. 서울대 입학생 중 11.9%를 차지할 뿐이다. 이 숫자가 의미하는 바를 우리 모두 다시 한번 생각해 봐야 하지 않을까?

선행에서 얻을 수 있는 진짜 이득

물론 선행이 무조건 나쁘다는 것은 아니다. 다만 왜 선행을 하는지, 선행학습의 장점이 무엇인지 생각해 봐야 한다.

"미리 해놔야 고등학교 가서 쫓기듯 공부하지 않을 수 있고, 또 미리 본 거니까 더 잘할 수 있죠."

보통 말하는 선행의 이유다. 하지만 이는 반은 맞고 반은 틀리다. 만약 현행이 탄탄한 상태라면 선행을 진행하는 것도 분명 도움이 될 것이다. 하지만 현행에서도 고난도 문제를 풀지 못하는 수준이라면, 선행을 하는 것은 아무 의미 없다. 제대로 이해도 하지 못한 채 '2회 돌렸다', '3회 돌렸다'라는 식의 진도 빼기에만 급급하면 실력은 절대 쌓이지 않는다. 그저 구멍이 숭숭 뚫린 모래성을 쌓는 것과 마찬가지다.

"감동적인 영화는 처음 봐도 감동적이지만 반복해서 볼수록 전에는 내가 보지 못했던 새로운 디테일을 발견할 수 있지요.
선행학습도 그래야 합니다. 첫 번째에 완벽하게 해놔야 두 번째, 세 번째 볼 때 보이는 게 다릅니다. 반복할수록 깊어지는 거예요."

승제쌤

선행의 유일한 장점은 깊이 있는 공부를 할 수 있다는 데 있다. 그 깊이를 통해 훨씬 더 큰 경험을 얻어야 한다. 하지만 대부분의 선행은 이와 반대다. 깊이 파기보다 그저 겉핥기만을 반복한다. 당연히 구멍이 생기고 문제가 발생한다. 현행이 완벽하지 않은 상태에서의 선행은 차라리 독이다.

사실 현행 과정을 완벽하게 이해하고 고난도 문제까지 풀어내는 일 자체만으로도 쉬운 일이 아니다. 이 과정에서는 스스로 학습하는 시간이 꼭 필요하다. 그런데 여기에 선행학습까지 추가된다면? 미처 제대로 끝마치지 못한 현행에 구멍이 뚫릴 수밖에 없다.

의미 없는 선행 대신 올바른 현행 학습이 차라리 더 나은 이유다.

선행학습의 또 다른 폐해는 학생의 학습 태도를 변화시킨다는 데 있다. 선행을 한 학생들은 이미 모든 내용을 스스로 잘 알고 있다고 착각하기 쉽다. 차라리 아무것도 모르면 열심히 학교 수업을 들을 텐데, 어중간하게 아는 탓에 오히려 수업에 불성실하게 임하며 더 많은 학습 기회를 놓친다.

어떠한가? 여전히 엄청난 비용과 시간과 노력을 들여서 이렇게 의미 없고, 심지어 역효과가 나는 선행학습을 맹목적으로 해야 한다고 생각하는가? 결국 성공적인 입시를 위해서는 선행을 몇 바퀴 돌렸느냐가 아니라 현재의 공부를 얼마나 집중해서 완벽하게 끝내느냐가 더 중요하다.

지방에서 공부해도
인서울 할 수 있을까요?

★ ★ ★ ★ ★

우리 아이가 우물 안 개구리?

지방 소도시에 사는 중3 쌍둥이 자매는 둘 다 우등생이다. 언니는 내신에서 전 과목 100점을 받아 전교 1등을 했고, 동생은 전 과목에서 단 한 문제를 틀려서 전교 2등이 되었다. 그런데 이렇게 공부를 잘하는 두 학생도 자신이 공부하는 방법이 맞는 건지, 고등학교에 가서도 지금처럼 공부하면 좋은 성적을 거둘 수 있는지 불안하기만 하다. 모의고사를 보면 전국의 학생들과 경쟁해야 할 텐데 과연 뒤처지지 않고 제대로 따라잡을 수 있을까 걱정인 것이다.

쌍둥이 자매가 진학할 고등학교는 한 학년 인원이 100명대이므로, 내신 1등급을 위해서는 반드시 반에서 1등을 해야 한다. 고2가 되어 선택 과목을 결정한 후에는 경쟁이 더 심해진다. 게다가 좋은 내신으로 서울대에 진학하려면 3년 내내 전교 1등을 해야 하는데, 이 고등학교는 근처 6개 중학교의 학생들이 모두 진학하는 곳이기 때문에 각 학교의 전교 1등끼리 경쟁을 해야 한다. 고교 입학 후 시험의 난도가 대폭 높아진다고 하니 쌍둥이 자매는 고등학교 입학이 설레는 동시에 두렵기도 하다.

쌍둥이 자매의 엄마에게도 고민이 있다. 지금은 아이들이 전교 1등을 할 만큼 공부를 잘하지만, 혹시 딸들이 우물 안 개구리인 것은 아닐까 불안하다. 사실 쌍둥이가 다니는 중학교 시험은 매우 쉬운 편이다. 영어의 경우 서술형도 없고, 수학 역시 오래 생각해야 할 어려운 문제는 거의 출제되지 않는다. 얕게 공부해도 고득점이 가능한 시험이다.

실제로 중학교에서 전교 1, 2등을 한 학생들이 고등학교 진학 후 성적이 곤두박질치는 경우가 왕왕 있다. 전국구는 고사하고 지역 내 고등학교에서도 높은 성적을 얻지 못하는 경우가 발생하는 것이다. 쌍둥이 자매가 우물 안 개구리일 수 있다는 엄마의 우려가 기우만은 아닌 셈이다.

자매의 현재 영어 수준을 정확하게 파악하기 위해 2023년 고등학교 1학년 6월 모의고사로 테스트를 진행하자 실제 실력이 적나라하게 드러났다. 동생은 3등급, 언니는 5등급을 받았다. 이른바 대학 진학을 포기한 아이들이 영어 5등급을 받곤 하니, 전교 1등 학생에게서는 예상할 수 없는 낮은 성적이다. 엄마는 점점 더 고등학교 진학 후가 걱정되기 시작했다. 아직 고등학교 진학을 대비하지도 못했고, 고등학교 첫 중간고사 범위인 수학(상)도 겨우 한 번 정도만 확인했을 뿐이다. 상위권을 노리기에는 턱없이 부족한 수준이란 생각을 떨칠 수 없다.

가장 큰 문제는 누구보다 자매의 공부를 도와주고 싶은 엄마도 도저히 방법을 모른다는 것이다. 엄마는 이 모든 게 자기 탓으로 느껴진다.

교육 격차를 극복할 수 있을까?

쌍둥이 자매는 학습 잠재력은 뛰어나지만, 공부 노출이 적은 환경에서 자랐다. 그 때문에 더 큰 가능성을 품고 있음에도 중학교 내신 성적을 잘 받는 데에 만족하고 있었다. 마치 K리그에 진출했다면 더 세계적인 선수로 성장할 수도 있지만 조기 축구에 머무는 데 만족한 상태랄까.

따라서 현재 쌍둥이 자매에게 가장 필요한 것은 경쟁할 수 있는 환경을 마련하는 것이다. 지방 소도시는 수도권에 비해 상대적으로 경쟁이 덜한 환경일 수밖에 없다. 학생 수도 적고, 또 상위권 학생들 간의 치열함이 다를 수밖에 없기 때문이다. 이 경우에는 학원이 도움이 될 수 있다. 공부를 잘하고 싶다는 생각으로 모인 학생들이 가득한 학원에서 본인보다 상위권이며 열심히 하는 친구들을 보며 자극받을 수 있기 때문이다. 처음에는 낮은 반에서 시작했을지라도 점점 노력해 성적을 올리는 경험을 하는 등 건강한 경쟁을 체험해 볼 수도 있다.

특히 본인이 스스로 성적 상승을 원하고 이를 위해 학원에 다니고 싶어 하는 학생이라면 더욱 그렇다. 학원을 다니지 못한 채 성적마저 잘 나오지 않으면 그 원인을 학원에 대한 결핍에서 찾을 수 있기 때문이다. 학원에 다녔을 때 어떤 결과를 얻을지 알 수 없으면서도 그 기회조차 갖지 못했기 때문에 미련을 두는 것이다.

이런 경우에는 짧게라도 학원을 경험해 막연한 동경과 불안을 해소하는 편이 더 낫다. 막상 학원에 가니 기대한 것과 달리 학교 커리큘럼과 크게 다르지 않다고 느낄 수도 있지만 이 또한 모두 필요한 경험이다.

정식쌤

"중학교 때 성적이 좋았던 저는 사교육에 관심이 없었어요. 그래서 고등학교에 진학한 뒤 한 번도 경험한 적 없는 낮은 성적을 마주했죠. 사교육을 통해 선행을 마친 친구들에 비해 뒤처질 수밖에 없었거든요.
그런데 고3이 되었을 때 우리 고등학교 수능 성적 1등은 바로 저였습니다."

학업 성취도를 높이기 위해서는 바꿀 수 없는 환경을 탓하기보다 스스로 할 수 있는 것이 무엇인지 먼저 살펴보는 것이 더 낫다. 우선 지금 나의 공부량이 충분한지 확인해 보자. 그리고 지금 내가 공부하는 내용을 얼마나 제대로 알고 있는지 파악해야 한다. 그다음 사고력을 키우고 더 깊이 있는 공부를 진행한다. 앞서 쌍둥이 자매는 난도가 너무 낮은 시험만 경험했기 때문에 깊은 사고를 할 기회가 적었다. 하지만 전국의 수많은 학생과 경쟁해야 하는 입시에서 좋은 성적을 거두려면 성실함을 바탕으로 더 깊이 있고 명확한 학습을 시작해야 한다.

오래전부터 모든 학생이 어디서든 무료로 학습할 수 있도록 EBS에서 제공하고 있는 강의와 교재를 활용하는 것도 매우 도움이 된다. 이러한 강의들을 통해서도 얼마든지 깊이 있는 학습이 가능하다.

조금 더 비용을 들이더라도 한 단계 심화학습을 원한다면 인터넷 강의를 활용할 수도 있다. 대치동에 가지 않고도 유명한 스타 강사의 강의를 공간과 시간 제약 없이 어디서든 편하게 들을 수 있기 때문이다. 여기에 더해 농어촌 지역에 거주하는 학생의 진학을 배려한 입시전형도 존재하니 적극 활용해 보자.

실제로 인터넷 강의와 자기 주도 학습을 통해 서울대에 합격한 지방 출신 학생들의 사례는 얼마든지 있다. 체계적인 학습 계획과 꾸준한 자기 점검을 통해 학업 성취도를 높인다면 교육 격차는 충분히 극복할 수 있다.

고등학교에 가서도
잘할 수 있을까요?

★ ★ ★ ★ ★

중학교 성적표의 허점

중학교 내내 좋은 성적을 얻고 고등학교 진학을 앞둔 중3 지연이는 자율형 사립고등학교(자사고)나 특수 목적 고등학교(특목고)에 진학해 더 치열한 경쟁을 경험할지, 일반고로 진학해 자신의 페이스에 맞춰 공부해야 할지 고민 중이다. 학교의 특성과 분위기가 다른 만큼 자신의 성향에 맞는 학교에 입학하고 싶기 때문이다. 고민 끝에 지연이와 엄마는 고등학교 입시 컨설팅의 도움을 받기로 했다. 그런데 상담을 마치고 지연이와 엄마는 매우 당황스러웠다. 상담 내용이 기대와 달랐기 때문이다.

"과학고나 영재고에 진학하고 싶다면 수학이나 과학 과목을 더 빨리, 더 철저하게 준비했어야 합니다. 그런 학교에 진학하려면 수학은 무조건 올 A가 나와야 해요. 하지만 지연이의 성적표에는 B가 존재하죠. 좋은 결과를 기대하기는 힘들 것 같습니다."

지연이는 전교 석차 22등으로 상위 11%에 드는 학생이다. 당연히 지연이 본인은 물론이고 부모님 역시 지연이가 상위권에 속한다고 생각했고, 따라서 각 과목의 등급이 고등학교 진학에 이토록 큰 영향을 끼칠 것이라고는 생각하지 못했다. 하지만 B를 받은 수학 성적표가 지연이의 발목을 잡고 말았다.

여기에 더해 중학교 성적표에는 맹점이 있으니 중학교 성적은 모두 절대평가라는 사실이다. 따라서 단순히 석차나 점수만이 아닌, 원점수와 과목 평균을 비교해야 자신의 수준을 더 정확히 파악할 수 있다. 교육청 발표에 따르면 중학교 성적표의 A등급 비율이 30~40%에 이른다고 하니 이러한 비교가 더욱 중요하다.

중학교 등급 관리에 성공해 원하는 고등학교에 진학한 뒤에도 여전히 마음을 놓을 수는 없다. 앞서 언급한 것처럼 고등학교에 진학한 뒤에는 성적이 모두 상대평가로 이루어지기 때문이다. 게다가 아홉 개로 나뉘는 등급은 물론이고, 표준편차와 같은 낯선 개념도 등장해 성적표를 해석하는 것부터가 도전이다.

하지만 성적표를 정확히 이해하는 것은 성공적인 입시를 위한 기초임을 명심하자. 정확한 성적표 분석을 통해 내게 부족한 점을 파악하고, 입시 전략도 더욱 성공적으로 계획할 수 있다.

중학교 A등급 세부 성적 비율

교육청 발표에 따르면 중학교 A등급 비율은 30~40%나 된다. 따라서 고등학교 입시를 위해 정확한 점수를 계산하려면 더 자세한 등급 나누기가 필요하다. 예를 들어 A등급을 상중하로 나누면 그 비율은 다음과 같다.

A상 0~5%
A중 6~10%
A하 11~40%

기본적으로 입시에서 '등급'이란 가장 기본적인 지표임을 알아야 한다. 고등학교에서는 학생들의 성적을 상대평가에 따라 1등급부터 9등급까지 나누는데, 상위 0~4%가 1등급, 4~11%가 2등급, 11~23%가 3등급에 속한다. 대입이 목표라면 최소 3등급 안에는 들어야 한다. 성공적인 입시를 위해서는 고등학교 진학 후 꾸준한 내신 관리가 생명이다. 그러니 고등학교의 등급 기준을 명확히 알고, 목표로 하는 대학에 입학하는 데 필요한 등급을 파악해 철저하게 준비하자.

고등학교 상대평가 기준 비율

1등급 상위 누적 4% – 1등급
2등급 상위 누적 11% – 2등급
3등급 상위 누적 23% – 3등급
4등급 상위 누적 40% – 4등급
5등급 상위 누적 60% – 5등급

내 성적의 위치를 정확하게 파악하는 것이 시작

앞서 소개한 지연이의 중학교 성적은 상위 11%이기 때문에 'A하'에 속한다. 그리고 'A하'는 고등학교 기준 '2~3등급'에 속한다. 중학교에서는 전교권인데, 고등학교에서는 2~3등급이라니 당황스러울 수도 있다. 도대체 지연이는 상위권 학생인 것일까, 하위권 학생인 것일까? 지연이의 성적이 의미하는 바는 무엇일까?

객관적으로 지연이의 성적은 상위권에 속하지만 명확하게 최상위권에 들지는 못한다. 그러나 아직 실망하기에는 이르다. 이 또한 데이터를 해석하는 방식에 따라 달라질 수 있기 때문이다. 지연이가 A하, 2~3등급에 속하는 학생인 것은 사실이지만 지연이가 일반 고등학교에 진학 시 A상에 속하는 학생 상당수가 특목고와 자사고로 빠져 부재할 가능성이 크다. 이 경우 일반 고등학교에서 지연이가 3년 내내 압도적인 전교 1등을 차지할 가능성이 무척 높아진다.

결국 모든 데이터는 참고용일 뿐 절대 지수는 아니므로 미리부터 낙담할 필요가 없는 셈이다. 게다가 우리의 최종 목표가 대입이라는 점도 잊어서는 안 된다.

물론 자신의 성적과 위치를 냉정하게 볼 필요는 있다. 많은 중학교 학생들이 본인의 점수가 50점이 넘으면 기본은 한다고 착각하는데 이는 아주 잘못된 생각이다. 그 정도 성적으로는 고등학교에서 7~8등급에 속하므로 대입에서 아주 불리할 수밖에 없다. 그러니 본인의 성적에 만족할 것이 아니라 더욱 노력해야 한다.

고등학교 성적표에 표기된 표준편차 역시 입시 전략을 짤 때 매우 중요한 역할을 한다. 표준편차는 '잘한다', '못한다'의 개념이 아닌 '학생들 성적이 얼마나 흩어져 있는가'를 나타내는 지표다. 쉽게 말해 그 고등학교의 학생들 간 수준 차이를 나타낸 것이라 할 수 있다. 표준편차가 크면 상위권과 하위권 간의 원점수 차이가 큰 것이고, 반대로 표준편차가 작으면 상위권과 하위권 간의 원점수 차이가 작은 것이다. 의대 준비반이라면 상위권에 속하는 학생들이 많으니 시험 문제를 틀리는 경우가 매우 적다. 당연히 한두 문제 정도만 틀린 학생의 수가 많을 것이다. 그러면 자연스레 성적 분포가 모여 있게 되고, 이는 곧 표준편차가 작은 것이다.

실제로 상위권 학생이 많은 학교일수록 표준편차가 작으며, 그만큼 좋은 등급을 받기 위한 경쟁도 치열하다. 통상적으로 일반고의 표준편차는 약 20이지만, 이른바 상위권 학교라 여겨지는 곳의 표준편차는 당연히 20보다 작다.

표준편차 개론

학생들의 성적 분포가 평균으로부터 얼마나 퍼져 있는지를 나타내는 지표다. 표준편차가 작을수록 학생들의 성적이 평균에 가깝고, 표준편차가 클수록 학생들의 성적 분포가 넓다.

이런 표준편차를 활용하면 자신의 성적이 정확히 어느 수준인지 파악하는 데 훨씬 도움이 된다. 당연히 이를 통해 더욱 효과적인 입시 전략을 세울 수도 있으니 현명하게 활용해 보자.

예체능을 택해도 공부해야 할까?

고등학교 때는 본격적으로 진로를 고민해야 하는 시기이므로 자사고나 특목고 같은 학교의 종류는 물론이고 문과나 이과, 예체능 등 더 구체적인 진로를 결정해야 하는 상황을 맞이한다. 특히 예체능을 진로로 택한 학생들은 학업은 물론 실기도 준비해야 하기 때문에 고민이 더욱 많다. 그런데 종종 이렇게 말하는 학생이 있다.

"저는 실기에 전념하고 싶어요."

"공부는 제 꿈을 이루는 데 불필요해요."

"실기 때문에 공부할 시간이 너무 부족해요."

실제로 과거에는 그림 실력이 미대 입시의 당락을 결정해서 상대적으로 성적은 중요하지 않은 때도 있었다. 하지만 최근에는 사정이 달라졌다. 요즘에는 예체능 입시에도 성적이 매우 중요하다. 오히려 실기와 공부라는 두 마리 토끼를 모두 잡아야 입시에 성공할 수 있다. 체대 입시 역시 상위권 대학에서는 수학을 요구하는 때도 있다.

"예체능 입시생도 공부를 해야 합니다. 입시 공부를 통한 지식이 전공에 도움이 되는 것도 당연하고요. 조금 더 현실적으로 말하면, 예체능 전공을 살리지 못하는 상황도 대비해야 합니다. 예체능이 아닌 다른 선택의 기로에 섰을 때 공부마저 놔버리면 모든 대안이 사라질 수 있어요."

우리나라 체육계는 대부분 철저한 엘리트 교육 시스템으로, 학업마저 포기한 채 스포츠에 몰입해야 하는 경우가 흔하다. 하지만 미국 등 다른 스포츠 강국에서는 운동과 더불어 학업 역시 중요하게 생각한다. 성공적인 입시 전략 차원을 떠나, 공부란 인생의 중요한 자양분임이 분명하기 때문이다.

물론 실기와 공부를 병행하는 것은 결코 쉬운 일이 아니다. 예중, 예고, 예대에 진학하는 아이들은 이미 대입을 세 번 치른 것과 같다는 말이 나올 정도로 그 준비 과정이 혹독하다. 실제로 예중 입학을 준비하는 학생들은 주말이나 방학이면 매일 12시간씩 실기를 준비하며 연습한다. 이렇듯 엄청난 연습량에 더해 공부까지

해야 하니 대입에 비교될 만하다.

게다가 예중과 예고에서 좋은 내신 성적을 얻기란 강남 8학군 수준만큼 어려운 일이다. 일반적인 예고생의 영어 모의고사 성적은 대부분 1등급인데, 이는 상위권 미대에 진학하려면 영어가 특히 중요하기 때문이다. 우리나라 최고의 대학으로 여겨지는 서울대학교 미대의 경우 입학 시 전 과목 성적을 반영하기 때문에 국영수 모두 관리가 필요하다.

예체능과 학업을 병행하는 것은 분명 도전적인 일이다. 하지만 시간을 잘 관리하고 효율적인 공부법을 사용한다면 충분히 해낼 수 있다. 적절한 학습 및 연습 계획, 그리고 균형 잡힌 접근을 통해 두 마리 토끼를 모두 잡아 입시 성공은 물론 나의 인생 설계에도 성공을 거두기를 빈다.

공부 주도권은
아이에게 있어야 한다

★ ★ ★ ★ ★

자기 주도 학습을 해치는 부모의 간섭

아이의 미래를 위한 일이라는 핑계를 대며 강압적으로 높은 수준의 학습을 요구하는 부모님들이 적지 않다. 이를 위해 초등학교에 입학하기 전부터 선행학습을 강요하고, 그에 걸맞은 결과를 얻지 못하면 화부터 낸다. 진짜 공부를 위해서는 아이의 동기부여가 우선되어야 함을 알면서도 눈앞의 결과를 위해 자꾸만 과도한 학업을 강요하는 것이다. 아이에게 부모님은 그저 무서운 존재일 뿐, 결국 아이는 부모 앞에서 입을 닫는다.

최근에는 아이의 학업에 관한 결정에 부모가 일일이 관여하는 경우가 더욱 늘었다. 학습 교재는 물론이고, 학원이나 인터넷 강의도 부모님이 대신 선택하는 일이 당연하게 여겨진다. 아이의 일분일초를 모두 계획하고 감시하듯 아이를 몰아세운다. 하지만 어떤 경우든 강압적이고 일방적인 방식은 갈등을 키울 수밖에 없다. 그리고 이러한 갈등은 아이의 학업에도 부정적인 영향을 끼친다.

아이가 커갈수록 부부간 교육관의 차이로 부딪치는 경우도 많다. 아이의 성적과 교육 방식에 대한 견해가 달라서 부부간 갈등이 깊어지는 것이다. 그런데 이러한 상황에서 가장 심각한 문제는 아이들이 그 갈등의 원인이 자신이라고 생각하며 죄책감을 느낀다는 것이다. '내가 성적을 더 잘 받았더라면 부모님이 싸우지 않았을 텐데' 하며 괴로워하는 것이다.

부모님이 아이에게 직접 공부를 가르치는 상황도 갈등의 원인이 될 수 있다. 아무리 부모가 지식이 많고 똑똑하다 할지라도 가르치는 것은 엄연히 다른 영역의 일이다. 아이 역시 부모님에게 배우는 상황을 부담스러워하기 쉽다. 가까운 사이이기 때문에 서로에게 상처 줄 가능성도 크다.

그렇다면 부모로서 우리 아이들의 학습에 도움이 되고 든든한 정서적 버팀목이 되어주기 위해서는 어떻게 해야 할까?

아이들이 공부를 잘하길 바란다면, 기본적으로 아이의 정서를 안정적으로 관리해 줘야 한다. 정서가 불안한 아이는 당연히 공부에 집중할 수 없다. 부모에게 이리저리 휘둘리며 억지로 공부하는 아이들이 자기 주도적으로 학습할 리도 만무하다. 부모가 지나치게 개입하면 자녀는 자기 능력을 믿지 못하고 항상 부모의 도움을 필요로 한다. 스스로 목표를 설정하고 학습 계획을 세우며 자신을 관리하는 법을 배우지 못하므로 문제를 해결하는 능력을 기를 기회도 잃고 만다.

부모의 과도한 간섭은 자녀의 내적 동기 또한 저하시킨다. 내적 동기는 학생들이 학습 활동을 즐기고, 자신의 흥미와 열정에 따라 학습할 수 있게 만드는 힘이다. 하지만 부모의 통제 아래에서는 학습이 단순히 부모를 만족시키기 위한 수단으로 여겨질 가능성이 크다. 이는 장기적으로 볼 때 학습에 대한 흥미를 잃게 만드는 주요 원인이다.

따라서 학습 주도권은 반드시 아이에게 있어야 한다. 자녀가 학습 과정에서 자율성과 자기 효능감을 키우고, 내적 동기를 유지하며, 문제 해결 능력을 기를 수 있도록 적절한 지원과 격려를 제공하는 것이 부모의 주요한 역할이다. 이를 통해 자녀는 자기 주도적으로 학습할 수 있는 능력을 개발할 수 있다.

부모 세대의 공부법은 더 이상 통하지 않는다

학창 시절 성적이 좋았던 부모는 자기가 경험하고 실천했던 학습 방식을 아이에게 강요하는 경우도 많다. 자신이 그러한 학습 방식으로 성공했으니 아이도 당연히 그 방법을 통해 원하는 결과를 얻으리라 생각하는 것이다.

하지만 지금은 시대가 변했다. 부모 세대가 학습할 때의 환경과 지금은 너무나 다르다. 게다가 기본적으로 시험이 요구하는 바도 완전히 다르다. 과거에는 암기를 통해 지식을 주입하는 방식이었다면, 최근에는 시험을 통해 아이들의 사고력의 깊이를 측정하고자 한다. 그러니 예전 방식을 아이에게 강요하는 것은 오히려 아이 학습을 방해하는 꼴이다. 만약 이런 경우라면 부모가 아이의 학습 방식에 관여하지 않는 것만으로도 성적이 오를 수 있다.

정식쌤

"결국 학습은 자기 주도적으로 해야 하는 것입니다. 만에 하나 부모가 요구하는 방식으로 공부해서 성적이 오르더라도 아이는 성취감을 느끼지 못할 거예요. 더군다나 아이의 자립심을 길러주고 싶다면 학습 주도권을 아이에게 완벽하게 넘기고 아이의 방식을 지지해줘야 합니다."

아이들을 가르치는 교사나 강사들이 입을 모아 하는 말이 있다. 성적과 학교 생활에서 모두 안정적인 모습을 보이는 아이들 대부분이 가정에서 안정감을 크게 느낀다는 것이다. 부모와 아이의 관계가 매우 돈독하고, 특히 부모의 신뢰를 바탕으로 자율성을 펼치는 아이들은 더 큰 성취를 이뤄낸다. 혹여 지금 당장 성적이 기대에 미치지 못하더라도 장기적으로 자신이 추구하는 바를 결국 해낸다.

학습 주도권은 아이 손에 쥐여주자. 그리고 아이가 고민하거나 힘들어할 때 언제든지 손을 내밀 수 있는 든든한 부모가 되는 데 힘을 쏟자. 아이가 스스로 원하는 바를 찾고 그것을 이루기 위해 마음껏 노력할 수 있도록 든든한 정서적 버팀목이 되어 주는 것, 바로 그것이 아이 학업을 위해 부모가 줄 수 있는 가장 큰 선물이다. 자녀에게 믿음을 주면서 독립적인 부모 자식 관계를 유지하는 것이 서로의 행복과 성취를 위한 길임을 잊지 말자.

2부

선생님, 진짜 방법을
가르쳐주세요!

>>> **3장**

승제쌤,
어려운 수학이
쉬워지는 날이 올까요?

완벽한 개념과 피나는 연습이
만점을 만든다

개념 정리

아는데 설명을 못 하겠다고?
그건 모르는 거야!

수학은 개념에서
시작된다

★ ★ ★ ★ ★

수포자도 구원받을 수 있을까?

혜린이는 고1이지만 아직 중등 수학의 기초 개념도 충분히 익히지 못했다. 그럼에도 공부를 열심히 해보겠다고 수학 학원에 다닌다. 혜린이가 다니는 학원에서는 고등학교 모의고사 문제지를 숙제로 내주는데, 당연히 혜린이가 풀 수 없는 수준이다. 그렇다면 과연 수학 학원을 다니며 문제를 푸는 것이 혜린이의 수학 성적 향상에 도움이 될까?

결론부터 말하면 혜린이처럼 아직 개념을 모르는데 수준에 맞지 않는 문제를 붙잡고 씨름하거나, 학원 수업을 듣고 숙제를 하는 것은 시간 낭비에 지나지 않는다.

"저는 수학 머리가 없어요", "수학이 적성에 맞질 않아요"라고 말하는 학생이 많다. 그런데 나는 이들에게 묻고 싶다. 영어와 잘 맞지 않고 적성도 없는 사람이 미국에서 태어나 산다면, 그래도 그 사람은 영원히 영어를 못할까?

이에 대한 답은 누구나 알고 있다. 전혀 그렇지 않다. 미국에서 생활하며 영어를 사용하다 보면 뒤늦게 유학을 간 사람이라 할지라도 현지인과 대화를 나누고 원하는 바를 영어로 표현할 수 있게 된다.

수학도 마찬가지다. 적성에 잘 맞지 않기 때문에 수학을 못한다는 말은 변명이 되지 않는다. 특히 고등학교 수학 성적은 유전자도 적성도 아닌, 반복되는 학습과 연습이 좌우한다. 수학에서 1등급, 아니 많이 양보해서 2등급을 받지 못하는 것이 적성 탓이라는 건 거짓말이다. 그냥 공부를 안 했을 뿐이다.

대학교에 진학하려는 학생의 모의고사 수학 점수가 4등급이라면, 이 친구는 완전히 수학 공부를 포기하지는 않았으나 대학 입시에는 상당히 어려움을 겪는 상태일 것이다. 만약 실제 수능에서도 4등급이라는 성적에서 벗어나지 못하면 대학 입시를 포기해야 할

지도 모른다.

만약 이런 상태에서 벗어나고 싶다면 반드시 점검해서 빠르게 개선해야 하는 특징이 있다. 4등급 학생의 전형적인 모습이기도 한데, 바로 알긴 알지만 80%만 아는 것이다. 즉 전반적인 분위기는 알지만 수학적 오류 없이 100% 완벽하게 설명하지는 못하는 상태다.

4등급 학생 중에는 개념은 모르고 공식만 외워서 문제를 푸는 경우가 많다. 공식을 외웠으니 80%는 이해하고 있다고 착각한 채 자신 있게 문제를 풀어 빠르게 답을 찾는다. 하지만 정작 결과는? 오답일 확률이 80%이다. 보통 고난도 문제는 여러 가지 수학적 개념을 연결해 해결해야 하는데 문제 풀이에 반드시 필요한 개념이 공부가 부족한 20%와 연관되어 있으면 그 문제는 풀 수 없다. 분명히 이 문제에 필요한 공식도 알고 정확하게 계산했는데 도저히 정답을 맞힐 수 없으니 스스로도 답답하다.

'나 이거 다 아는 문제인데 왜 틀린 거지?'

하지만 이런 생각에서 벗어나지 못한다면 틀에 박힌 3점짜리 문제 이상으로 나아갈 수 없다. 차라리 이렇게 대충 알 바에야 아예 모르는 게 나을 정도다. 아예 모르면 적어도 배우려고 할 텐데, 대충이나마 아니까 더 공부하려 들지 않기 때문이다. 이 상태에서 쉬운 문제를 맞힐지 몰라도 심화 문제에서는 고꾸라지기 때문에 성적이 오르지 않는다.

그러니 명심하라. 80%만 아는 것은 아무 소용이 없다. '80%나 아는데'라고 생각할 게 아니라 '20%만 더 채우면 되겠다!'라고 생각하자. 100%를 알아야 4등급의 늪에서 탈출할 수 있다.

만약 3등급을 받는 학생이라면 딱 가운데, 중위권이라고 할 수 있다. 공부를 아예 안 하는 것은 아니지만 열심히 하지도 않는다. 말 그대로 대충 공부해서 대충 아는 상태다. 공부 구멍이 많이 있을 것이고 개념도 완벽하지 않을 가능성이 크지만 스스로는 모두 알고 있다고 착각한다. 하지만 막상 4점짜리 문제를 풀려고 하면 생각 자체가 불가능하다. 생각하기 싫어서가 아니라 개념이 약해서 이 생각이 맞는지 틀리는지조차 모르기 때문이다. 이런 학생은 스스로 개념이 약하다는 걸 자각하고 그 부분을 채워야 한다. 나는 수학 유전자가 없고 적성에 안 맞는다고 생각해 버리면 실력이 늘 수 없다.

개념을 물었을 때 어렴풋이 공식은 떠올릴 수 있지만 그 외에 다른 것은 생각해 내지 못한다면 그냥 모르는 것이다. "저는 개념은 있는데 응용력이 없어요"라는 말도 핑계다. 그 상태는 그냥 개념이 없는 것이다. 하루라도 빨리 부족한 개념 공부를 해 학습 구멍을 채워야 성적이 오를 수 있다.

네가 아는 개념은 진짜 개념이 아니야

그런데 사실 개념이라는 것이 무엇인지 모르는 학생이 정말 많다. 그저 책에 소개된 정의나 공식을 외우는 것을 개념 정리라고 착각하는 것이다. 아래 문제를 통해 개념에 대한 자신의 생각을 점검해 보자.

> 톱니의 개수가 각각 15, 21인 두 톱니바퀴 A, B가 서로 맞물려 회전하고 있을 때, 두 톱니바퀴가 회전하기 시작하여 처음으로 다시 같은 톱니에서 맞물릴 때까지 돌아간 톱니바퀴 A의 톱니 개수를 구하시오.

이 문제는 결국 최소공배수를 구하면 모두 해결된다. 최소공배수란 두 개 이상의 수가 공통으로 가지는 배수 중 가장 작은 값을 뜻하는데, 주기적 사건이 처음으로 동시에 발생하는 시점을 찾는

데 매우 유용하다. 이 문제 역시 최소공배수를 이용하면 두 톱니바퀴의 회전 주기가 서로 맞물리는 최소한의 공통 주기를 찾을 수 있다.

그런데 이 문제를 해결한 학생들에게 '최소공배수가 무엇이냐'라고 물으면 대부분의 학생이 '최소공배수를 구하는 방법'에 대해 이야기한다. "아니, 그게 아니라 최소공배수를 왜 그렇게 구하냐고?"라고 재차 물으면 입을 꾹 닫는다. 최소공배수를 구하는 방법만 알 뿐 최소공배수가 무엇인지는 알지 못하기 때문이다. 이는 결코 개념을 아는 상태가 아니다. 개념을 안다는 것은 앞에서 설명한 것처럼 최소공배수를 구할 때 왜 그러한 방식이 필요한지를 이해하는 것이다.

초등학교 저학년 때 배우는 곱셈도 마찬가지다. 곱하기를 배운 사람이면 누구나 2×3=6이라는 것을 안다. 이는 3을 두 번 더하거나 2를 세 번 더하면 6이 된다는 의미다. 바로 이것이 곱셈에 대한 개념이다. 그런데 많은 사람이 자연수의 곱셈을 할 줄 아는 것이 곧 개념을 아는 것이라고 오해한다. 이는 풀이를 할 줄 아는 것이지 곱셈의 개념을 아는 것과는 다르다.

'이 문제는 무조건 이렇게 곱하면 답이 나와'라는 식의 접근은 개념은 모르면서 풀이 방법만 익히는 것이다. 이런 태도로는 성적이 오를 수 없다.

수학 문제가 아니라 일상생활을 예로 들면 더 와닿을지 모르겠다. 일상 속에서 매일 카카오톡을 사용하는 학생이라면 라인이라는 또 다른 메신저 앱을 써본 적이 없어도 '라인에서 사진을 전송하라'는 요구에 당황하지 않고 쉽게 사진을 보낼 수 있다. 왜 그럴까? 스마트폰과 애플리케이션이 어떠한 방식으로 구성되고 운용되는지 그 기본 체계를 이미 알고 있기 때문이다. 즉 개념을 알고 있기에 가능하다.

반면 스마트폰에 익숙하지 않은 할머니, 할아버지는 어떨까? 할머니, 할아버지에게 처음 카톡 사용법을 알려드렸을 때를 떠올려보자. '우선 카카오톡 앱을 눌러서 화면을 켜시고요, 왼쪽 더하기 표시를 터치하면 내 핸드폰 사진첩이 보일 거예요. 그럼 그 사진첩을 터치해서…' 사진 전송을 위한 모든 단계를 하나하나 알려드려야 한다.

이렇게 사진 전송을 익힌 사람에게 라인을 통해 사진 전송을 해보자고 한다면? 결코 해내지 못할 것이다. 할머니, 할아버지는 이앱이 어떻게 작동하는지 이해하지 못하고 '사진을 전송하기 위한 카카오톡 공식'만을 암기한 상태이기 때문이다.

수학 문제도 마찬가지다. 개념을 충분히 알지 못하면 낯설고 새로운 문제를 마주했을 때 도대체 내가 어떤 생각을 해야 하고, 어떤 개념과 공식을 활용해 풀이해야 하는지조차 알 수 없다. 개념 공부가 중요한 이유가 바로 여기 있다.

개념을
설명할 수 있는가?

★ ★ ★ ★ ★

개념서 한 권만 제대로 파자

어떤 공부든 마찬가지지만, 수학을 공부하는 첫 시작은 바로 개념을 이해하는 것이다. 수학에 어떠한 기초도 없다면 아직 개념이 정립되지 않은 상태이므로 반드시 개념 공부부터 시작해야 한다. 그렇다면 이토록 중요한 개념을 도대체 어떻게 공부해야 하는 것일까?

방법은 간단하다. 가장 기본이 되는 개념서를 한 권 선택해 그 한 권을 완전히 깨칠 때까지 반복해 공부하면 된다. 여기서 깨친다는 것은 단순히 답을 맞히는 수준이 아니라 정답을 도출해 내기까지의 모든 과정을 수학적 오류 없이 온전히 설명할 수 있다는 의미다. 이를 위해서는 《쎈수학》이나 《수학의 정석》처럼 흔히 말하는 개념서 한 권이면 충분하다. 개념서에서 소개하는 내용은 모두 동일하니 여러 권 볼 필요도 없다. 그저 내 마음에 드는 딱 한 권을 선택해 최소 다섯 번 이상 복습하자.

이때 학생들이 쉽게 저지르는 실수가 있다. 보통 개념 공부를 마쳤다고 생각하는 학생은 중요한 단계 하나를 빠뜨린 채 개념 학습 단계를 끝낸다. 바로 내가 새롭게 배운 수학 개념을 제대로 이해하고 익혔는지 스스로 확인하고 다지는 단계다. 이는 우리가 흔히 놓치는 부분이자 나의 수학 성적을 상위권으로 올리기 위해서 반드시 거쳐야 하는 단계이기도 하다.

그렇다면 내가 개념을 완벽하게 공부했다는 것을 어떻게 알 수 있을까? 바로 '설명하기'이다. 수학 공부를 하며 처음 접하는 개념이 등장했다면 충분히 숙지한 뒤, 공부 마무리에 오늘 배운 내용을 스스로에게 설명해 보라. 학교에서든 학원에서든 수업을 통해 학습했을 테니 선생님이 설명한 것을 그대로 따라 한다는 생각으로 개념을 설명해 보는 것이다. 내가 수학 선생님이 돼서 학생들 앞에 서 있다고 상상하면 더욱 좋다. 듣는 이도 개념을 제대로 알 수 있도록 나의 언어로 구체화하는 과정에서 수학 개념을 더 명확하게 이해할 수 있다. 이해하지 못하면 설명할 수 없고, 설명이 가능하다면 그 과정에서 한 번 더 개념 정리가 되는 셈이다.

이처럼 공부 말미에 설명을 하는 것이 1차 복습이다. 그런데 우리는 모두 잘 알고 있다. 분명히 지금은 철저하게 공부한 것 같은데, 며칠이 지나 다시 보면 생각나지 않는 경우가 태반이다. 머리가 좋든 나쁘든 사람은 낯선 개념은 쉽게 잊기 마련이므로 반복 학습이 필수다. 책이나 강의를 한 번 더 보면 잊고 있었지만 다시 떠오르는 부분도 분명 있을 것이다. 이 과정이 바로 2차 복습이다. 이렇게 2차 복습을 끝낸 다음 1~2주 후에 다시 동일한 방법으로 3차 복습을 하자. 그렇게 4차, 5차까지 반복하라. 머릿속에서 개념이 점점 더 명확히 자리 잡을 것이다. 명심하라. 반복할수록 더 오래 기억에 남는다.

혹시 이러한 학습 방법이 너무 느리고 비효율적이라 생각되는가? 전혀 그렇지 않다. 복습을 거듭할수록 전에 본 것과는 또 다른 측면을 파악할 수 있고, 그 덕에 개념을 이해하는 데 드는 시간과 노력이 줄어든다. 게다가 머릿속에서 개념의 흐름이 정리되면 대부분의 문제 또한 쉽게 풀고 설명할 수 있게 된다. 5차 복습까지 끝낸 뒤라면 모의고사에서 2~3점짜리 문제는 물론이거니와 4점짜리 문제도 두세 개는 거뜬히 풀 수 있다고 봐도 무방하다.

물론 무조건 다섯 번 복습했다고 해서 공부가 완벽해지는 것은 아니다. 개인차도 있을 수 있다. 잊지 말아야 할 것은, 개념서 한 권을 공부해 그 안에 소개된 개념을 마치 선생님이 된 것처럼 모두 설명할 수 있는 상태가 올바른 개념 공부를 끝마친 상태라는 것이다. 그러니 수학 공부를 마친 하루의 끝에 스스로에게 반드시 물어보라.

"오늘 공부한 내용으로 내일 과외를 해도 안 잘릴 자신이 있는가?"

삼각함수의 정의를 공부했다면 삼각함수를 전혀 모르는 사람에게 삼각함수의 개념을 설명할 수 있어야 한다. 그리고 나의 설명을 들은 사람 역시 삼각함수를 이해할 수 있어야 한다. 이를 위해서는 계속해서 스스로에게 질문을 던져야 한다. 삼각함수의 정의를 어떻게 더 쉽게 이해할 수 있을까? 삼각함수를 활용한 문제 풀이를 설명할 수 있을까? 어떻게 설명해야 할까? 이러한 고민 과정에서 내가 어떤 개념을, 어떻게, 얼마나 복습해야 할지 알 수 있다.

수학 기호를 말로 설명할 수 있어야 그 기호가 진정으로 내 것이 된다는 생각으로 꾸준히 복습하고 학습하자.

모르는 건 반드시 해결하고 넘어가라

아무리 열심히 공부했다 하더라도 공부한 내용을 다른 사람에게 설명하다 보면 막히는 부분이 분명히 등장한다. 이것은 그 공부에 구멍이 있기 때문인 경우가 많다. 조금이라도 학습 구멍이 있으면 다음 단계의 학습에까지 곧바로 영향을 받는 과목이 바로 수학이다.

수학은 이전에 배운 개념을 바탕으로 새로운 개념을 배우는, 누적된 학습이 필요한 과목이다. 그래서 이전 내용을 이해하지 못하면 새로운 내용을 학습하기 어렵다. 수학 학습에 공백이 생기면 계속해서 어려움을 겪는 것도 이 때문이다.

더 큰 문제는 이러한 공백으로 수학 교육 과정을 따라가지 못하면 금세 수학이라는 과목 자체를 포기해 버린다는 것이다. 또 공부를 포기하지 않더라도, 이 구멍을 제대로 메우지 못하면 결국 그 구멍 때문에 무너지게 된다. 이렇게 '수포자'가 된 학생이 나중에는 수학을 싫어하는 걸 넘어 수학을 무서워하는 수학 공포증에 걸리는 경우도 많다.

자기 수준에 맞지 않는 수업을 듣고, 도저히 풀 수 없는 문제를 풀겠다고 고통받는 시간에 차라리 자신의 공부 구멍을 찾는 것이 수학 성적을 향상시킬 수 있는 훨씬 효율적인 방법이다. 내가 무엇을 알고 무엇을 모르는지 파악해 수학 구멍을 채워야 단단한 기반을 바탕으로 실력을 더 탄탄히 쌓아 올릴 수 있다.

여기서 명심할 점이 또 하나 있다. 이 구멍은 사람마다 모두 다르다는 것이다. 그래서 수학은 자기의 현재 상황에 맞게 공부하는 것이 매우 중요하다.

모르는 부분이 나올 때마다 그와 관련된 개념을 다시 공부해야 한다. 설명이 안 되면 수단과 방법을 가리지 말고 해결하자. 자기가 부족한 부분을 발견하면 무조건 그날 안에 채우겠다고 생각해야 한다. 중학교 때 봤던 문제집을 뒤지든 초등학교 교과서를 뒤지든 남들에게 내가 충분히 설명하지 못한다면 반드시 해결하고 넘어가야 한다. 만약 스스로 해결하지 못하겠다면 선생님이나 강사, 선배, 공부 잘하는 친구, 하다못해 EBS에서 운영하는 질문 게시판에 글을 남겨서라도 해답을 알아나가자.

현실에서는 개념에 대한 정확한 이해 없이 곧바로 문제 풀이로 넘어가는 학생이 정말 많다. 하지만 이런 상태에서는 내가 개념을 제대로 알고 문제를 풀었다고 보기 어렵다. 만약 자신이 문제의 정답을 맞히는 데는 성공했으나 그 풀이 과정을 완전히 알지 못한다면, 이를 창피해하거나 회피하지 말고 반드시 마주하고 복습해야 한다. 수학 실력은 질문하는 만큼 성장한다. 부끄러운 오답과의 정면 승부에서 반드시 승리를 거머쥐어야 한다.

수학 개념 정복하기

수학 개념을 공부하는 방법은 복잡하거나 어려운 것이 아니다. 아래 소개하는 방법만이 수학의 개념을 완벽하게 공부하는 유일한 방법이다.

① 개념서 하나를 정해서 5회독 하라.

개념서 한 권을 선택한 다음 반복해서 공부하라. 꼭 5회독을 채워야 할 필요는 없다. 다만 스스로 완벽하게 개념을 이해할 때까지 공부하자.

② 공부한 개념을 선생님처럼 설명해 보라.

수학의 새로운 개념을 모르는 사람에게 가르쳐줄 수 있다면 완전히 이해한 것이다. 본인이 100% 이해하고 있어야 설명할 수 있고, 그래야 나의 설명을 듣는 사람도 이해할 수 있다. 설명할 대상이 없다면 스스로 동영상을 찍어보는 것도 방법이다. 설명을 하면서 내가 안다고 생각했으나 이해가 부족한 부분을 발견할 수도 있고, 알고 있는 부분이라 하더라도 한번 더 정리하는 효과를 거둘 수 있다.

③ 설명이 안 되는 부분은 다시 공부하거나 잘 아는 사람
에게 물어서 습득한다.

개념을 모두 설명할 수 있는 수준이 되었다면 문제 풀이에 들
어가자. 다만 문제를 풀다가도 막히는 부분이 나오면 절대 그
냥 넘어가지 말고, 이 문제를 푸는 데 내가 부족한 부분이 어디
인지 찾아내야 한다. 그다음 부족한 개념 공부를 보충하자. 복
습을 거듭하면 개념이 더 단단해진다.

개념 없는 문제 풀이는 시간 낭비다

★ ★ ★ ★ ★

개념을 건너뛰면 절대 성공할 수 없다

사실 나에게 학습에 구멍이 있는지 없는지는 스스로가 가장 잘 안다. 다만 여태껏 이렇게 기초적인 개념도 모르는 것이 창피해 아는 체하거나, 한 문제를 집요하게 확인하기 귀찮아서 그냥 넘어가는 경우가 많다. 하지만 개념을 제대로 학습하지 않은 학생일수록 자신이 부족한 부분을 빨리 발견하고 채워 넣어야 한다. 그래야 실력이 늘 수 있다.

내가 모르는 부분을 발견하는 방법 중 하나는 교과서를 이용하는 것이다. 수학 교과서의 목차에 따라 그 개념과 내용을 교과서에서 다룬 대로 설명할 수 있는지 확인해 보라. 예를 들어 목차에 미분계수의 정의가 있다면, 교과서를 덮은 뒤 그 내용을 교과서처럼 설명하는 것이다. 장담하건대 평소 4등급을 받는 학생이라면 미분계수의 정의를 말하는 것부터 막힐 것이다. 교과서를 보지 않고도 교과서에 있는 내용을 모두 말로 설명할 수 있다면 공부의 구멍이 없는 것이고, 설명할 수 없는 부분이 있다면 바로 그 부분이 구멍이므로 거기서부터 다시 공부해야 한다.

"수능이 코앞인데 언제 개념을 다시 공부하나요?"

마음이 급한 것은 이해한다. 다른 친구들은 벌써 기출문제를 풀고 있는데 나는 개념부터 다시 공부해야 한다니, 도대체 문제는 언제 풀고 기출문제는 언제 들여다볼지 막막하다. 주변에서도 지금 그럴 때냐고 한마디씩 던지니 더 불안해진다.

하지만 바로 그런 조바심과 불안이 성적 향상을 가로막는 가장 큰 방해 요인임을 인지해야 한다. 개념을 건너뛰면 어차피 성적은 오를 수 없다. 조금 늦었더라도 개념을 제대로 학습하는 것이 결국 입시 성공을 위한 길이다.

문제 풀이 역시 개념서를 끝낸 다음이어야 한다. 개념서에 소개된 모든 수학 개념을 제대로 숙지한 뒤 고난도 문제를 푸는 것이

의미 있는 문제 풀이다. 그리고 바로 이때부터 본격적인 수학 공부가 시작된다.

수학 공부란 그저 멍하니 선생님의 수업을 듣는 것이 아니라 혼자서 문제를 푸는 과정이다. 더 정확히 말하면 해설지를 보지 않고 스스로 문제를 푸는 과정이 '진짜 수학 공부'인 것이다. 앞에서 개념 공부의 중요성을 여러 번 강조했지만, 사실 수능에서 점수를 만드는 요인은 개념 공부를 바탕으로 한 문제 풀이다. 개념 공부를 강조하는 이유는, 개념 공부가 제대로 되어 있지 않으면 아무리 많은 문제를 풀어도 소용이 없기 때문이다. 그러니 대한민국의 거의 모든 학생이 고등학교를 졸업할 때까지 진정한 의미의 수학 공부를 경험해 보지도 못한다는 내 말이 과장은 아닐 것이다.

개념을 하지 않은 자, 문제 풀 자격이 없다

분명히 말하는데, 개념서를 끝내기 전에는 문제 풀이를 할 자격이 없다. 문제가 풀리지 않을 때 많은 학생이 해설지만 들여다보는데 그런 방식의 공부는 헛수고다. 문제를 처음 마주했을 때 이 문제를 어떤 과정으로 풀이해야 하는지 전혀 감조차 잡지 못한다면,

이는 내가 이 문제를 푸는 데 필요한 수학 개념이 없다는 의미다. 그러니 당장 문제 풀기를 멈추고 개념 공부부터 다시 해야 한다.

그렇다면 개념서에 소개된 문제들은 무엇일까? 그 또한 풀지 않고 그냥 넘어가야 하는 것일까? 사실 개념서에 실린 문제들은 '문제 풀이'를 위한 것이 아니다. 앞에서 배운 수학 개념을 문제를 통해 익히고자 소개된 것이다. 문제를 재료 삼아 개념을 자신의 것으로 만들기 위한 단계다.

수학 수업 시간을 한번 떠올려보라. 보통 선생님들은 개념을 설명한 뒤에 필수 예제를 하나 선별해 함께 푼다. 그다음, 새로운 개념으로 넘어가고 이를 설명한 뒤 그에 맞는 필수 예제 문제를 푸는 식으로 진행된다.

개념을 철저하게 공부하는 것은 문제를 풀기 위해 기초를 단단히 다지는 과정이다. 필수 예제 문제를 푸는 것 역시 그 과정을 통해 내가 배운 개념을 수학 문제에 적용하는 법을 익히는 단계다. 그러니 혼자서 공부할 때도 똑같은 방식으로 공부하길 바란다. 그날 공부한 내용을 선생님처럼 설명해 보고, 거기에 맞는 문제를 푼다음, 문제를 푸는 풀이법 또한 설명해 보자.

참고로 개념서에 있는 문제는 그 풀이법을 거의 기계적으로 설명할 수 있는 정도여야 한다. 암기하는 것이 아니라 반복해서 설명한 덕에 바로 튀어나오는 수준인 것이다. 단순히 '이렇게 풀면 돼'가 아니라 '왜 이렇게 푸는지'를 설명할 줄 알아야 한다.

이 모든 과정이 바로 개념 공부법이다. 이 공부법을 완벽하게 숙지하고 정복하라. 한 번으로는 금방 잊어버리므로 내가 충분히 숙지할 때까지 다섯 번은 반복하라. 그래야 공부한 내용이 진짜 내 것이 된다.

다만 오해하지 말아야 할 것이 있다. 충분한 개념 공부 뒤에는 적절한 문제 풀이로 수학 실력을 올려야 한다. 간혹 개념을 충분히 알아서 심화 문제 풀이를 진행해야 할 수준인데도 불안함에 계속해서 기본 개념만 공부하는 친구들도 있다. 하지만 이는 정말로 시간을 버리는 것이다. 일정 수준을 넘어서면 심화 문제를 풀면서 자신의 수학 구멍을 찾아야 한다. 문제를 통해 내가 약한 부분을 알 수 있고, 바로 그 부분의 개념을 복습하며 공부하는 것이 더 효율적으로 실력을 높이는 방법이다.

시간이 아닌 공부량으로 계획하라

공부의 속도는 모두 다르다. 수학 기초가 부족한 학생은 하루 종일 개념을 공부해도 인터넷 강의 세 개를 채 끝내지 못할 수 있다. 모든 부분이 다 구멍이기 때문에 새롭게 익혀야 할 개념이 너무 많은 탓이다. 그러니 공부 초반에는 진도가 매우 느린 것이 당연하다. 하지만 진도가 아무리 더디더라도 구멍을 메우는 이 과정이 반드시 필요한 작업임을 잊지 말아야 한다.

더불어 공부 계획은 시간을 기준으로 세우기보다 공부량을 기준으로 세우기를 추천한다. 개념을 공부하기 위해서는 인터넷 강의의 도움을 받는 경우가 흔한데, 이때는 내가 들어야 할 강의의 개수를 더욱 쉽게 파악할 수 있다.

만약 총 백 개의 강의를 두 달 안에 끝내야 한다면? 일주일 중 공부할 수 있는 시간은 복습 시간까지 포함해 4일 정도다. 그럼 두 달 동안 총 32일 공부할 수 있다. 32일 동안 백 개의 강의를 끝내기 위해서는 하루에 세 개씩 들어야 한다. 거의 네 시간이다. 이렇게 단순 계산만으로도 잠잘 시간이 부족해 보인다. 복습은 주말에 몰아서 한다고 해도 실현하기 어려운 계획이니 하루에 강의 두 개를 듣는 것으로 계획을 수정한다. 대신 1차 학습을 완벽히 끝내기로 결심한다.

이처럼 공부량을 기준으로 할 때 더욱 구체적인 계획을 세울 수 있다. 개념 공부가 끝나면 문제 풀이가 시작되는데 이때도 마찬가지다. 하루에 고난도 문제를 열 문제 정도 푼다는 식이면 된다. 그러면 하루 두 시간 정도는 스스로 생각하며 풀 수 있다.

참고로 하루를 충실하게 보내기 위해서는 내가 오늘 안에 끝마쳐야 할 공부 목록이 있어야 한다. 그리고 그 목록은 구체적일수록 좋다. 이러한 목록 만들기에 익숙해지면 어느새 내가 만든 목록을 빨리 끝내려고 노력하는 과정이 재미있어질 것이다. 마치 게임에서 퀘스트를 하나하나 해치워 나가는 것처럼 말이다.

하루 동안 해야 할 일 목록을 작성한 뒤 하루를 시작해 보라. 그걸 다 끝마치면 놀 수 있고 잘 수 있다는 생각에 마음이 바빠진다. 그 덕에 하루 종일 부지런히 움직이게 된다. 수학만 공부할 수는 없으니, 할 일 목록에 암기 과목이 포함되어 있을 수밖에 없다. 그럼 상대적으로 단순한 암기는 아침에 빨리 끝내려고 버스 안에서도 저절로 공부하게 된다. 오늘 할 일을 깔끔하게 끝내기 위해 시간을 더욱 잘 활용하는 것이다.

매일 나 자신에게 하루에 끝내야 할 즐거운 퀘스트를 주자. 새로운 동기부여가 될 것이다.

진도만 빼는 선행은 독이다

★ ★ ★ ★ ★

선행 가능한 자는 누구인가?

선행학습에는 답이 없지만, 약이 되는 선행과 독이 되는 선행이 따로 있다는 점은 분명하다. 현행을 완벽하게 소화하고 설명할 수 있는 상태라면 선행을 해도 문제가 없다. 그러나 지금 배우는 것도 제대로 이해하지 못한다면 선행은 그야말로 독이다. 그 상태에서 선행학습을 하는 것은 그저 시간 낭비에 지나지 않는다.

현장에서 오랫동안 학생들을 지켜보며 알게 된 것은 선행학습의 유무가 수능 점수를 결정짓는 요인이 결코 아니라는 사실이다.

선행을 얼마나 반복했느냐가 아니라 얼마나 완벽하게 개념을 알고, 그것을 토대로 얼마나 많은 양을 연습했느냐가 수능 점수를 결정한다. 그렇기에 무작정 진도를 빼는 선행보다는 현재 학교에서 배우는 것을 얼마나 완벽하게 알고 있는지를 먼저 살펴봐야 한다.

 "정확한 개념 이해 없이 문제 풀이 방법만을 익히는 선행은 아이에게 독약을 먹이는 겁니다."

송제쌤

선행을 일부러 겉핥기식으로 하는 학생도 있다. '선행이니까 고등학교 과정을 대충 훑어본다'라는 안일한 생각이다. 수학의 개념은 모른 채 공식만 공부하겠다는 태도이기도 하다. 그런데 바로 이러한 태도가 수학 공부에서 큰 문제를 발생시킨다. 처음부터 완벽하게 알겠다는 마음을 가져도 80%를 이해할까 말까인데, 처음부터 가볍게 훑는다는 태도로는 아무것도 안 된다.

무리한 선행은 결코 권하지 않지만, 만약 선행을 하겠다고 마음먹었다면 처음부터 완벽하게 공부한다는 마음가짐으로 시작해야 한다. 마음만이라도 한 번에 수능 만점까지 간다는 자세로 임하자.

한번 훑어보는 것을 목표로 선행을 하는 학생들은 고등학교에 진학해 수업을 들을 때 두 번째 듣는 것이니 더 이해하기 쉬울 것이라고 기대한다. 그런데 사실 이런 마음이라면 두 번째 들을 때도 대충 듣고, 세 번째 들을 때도 대충 듣는다. 게다가 아는 내용이 나오면 집중력이 떨어지고, 또 자신이 무엇을 아는지 모르는지도 정확히 구분할 수 없다. 한 번 훑겠다는 태도가 나중의 진짜 공부에도 방해가 되는 것이다. 그러니 선행은 절대 대충 해선 안 된다.

현실적으로 우리나라에서 선행을 아예 하지 않는 것은 불가능하다. 다만 현재보다 1년 앞선 내용을 미리 공부하는 정도로도 선행학습은 충분하다. 이때도 진도보다 더 중요한 것은 한 번 할 때 완벽하게 배운다는 태도를 유지하는 것임을 명심하자.

올바른 선행학습의 기준은?

그럼 선행이 가능한지는 어떻게 판단해야 할까? 그 기준은 공부의 깊이를 통해 알 수 있다. 현행이 완벽하게 되어 있을 때 선행도 할 수 있다. 앞서 강조했듯이 개념을 완벽하게 설명할 수 있을 정도로 공부가 끝났다면 선행으로 넘어가도 된다. 중학교 수학 정도는 내가 과외를 할 수 있겠다는 수준이라면 고등학교 공부를 시작하는 것이다. 물론 자기 수준은 스스로가 가장 잘 알 것이다.

승제쌤

"현행 정도는 내가 과외를 할 수 있겠다 싶은 수준이 되었을 때 선행을 시작해도 좋습니다."

더 명확한 선행 판단 기준을 요구하는 학생도 있을 수 있다. 사실 선행이 가능한 수준을 수치화하는 것은 어려운 문제다. 다만 대략적인 기준으로 중3 학생의 경우, 기본 개념서에 있는 문제 중 90%는 보자마자 풀리는 정도가 되면 선행이 가능하다. 개념서의 마지막 단계에 있는 어려운 문제는 70% 정도 풀 수 있어야 한다. 물론 문제의 패턴이나 공식을 외워서 푸는 것이 아닌, 개념을 이해하고 풀어낸 경우에 한해서다.

중학교 성적 기준으로는 성취도에서 무조건 A를 받을 수 있어야 한다. 일반적인 중학교 수학 시험은 기본 개념만을 바탕으로 풀 수 있는 문제가 대부분이다. 하지만 고등학교에 올라가면 수학의 깊이가 더 깊어지고 한참을 생각해야 풀 수 있는 문제가 출제된다. 그 수준 또한 중학교 때와는 차원이 다르다. 그런데 그 깊은 생각의 재료는 중학교에서 배우는 내용을 바탕으로 한다. 그러니 일단 중학교 과정을 성취도 A까지는 만들어놓고, 그다음에 고등학교 과정을 차근차근 쌓아 올려야 한다.

만약 본인이 중학교 과정을 완벽하게 학습한 상태라면, 고등학교 선행은 다음과 같은 방식으로 진행하자.

우선 중학교 3학년 상반기에 공통수학I을, 하반기에 공통수학 II를 공부한다. 이 과정을 딱 1년에 걸쳐 끝내는데, 이때 다시 한 번 강조하지만 결코 맛보기의 차원이 아니라 심화 과정까지 완벽하게 끝내는 것을 목표로 해야 한다. 단, 내신 기간 동안에는 선행을 중지하고 내신에 집중한다. 이러한 방식으로 선행을 끝낸 뒤 중3 겨울방학을 맞이하면 고등학교 수학 공부를 하는 데 불편함이 없는 정도의 수학 내공을 가질 수 있다.

중학교 3학년 겨울방학에는 대수를, 고등학교 1학년 여름방학에는 미적분I을 준비한다. 겨울방학에는 확률과 통계를 공부한다. 각 과정을 철저하게 학습할수록 고등학교 내내 수학 공부가 훨씬 수월해진다. 명심할 것은 선행을 하되 내신을 놓아서는 안 된다는 점이다. 오히려 더 깊게 공부해 바탕을 탄탄히 다져놓는다는 생각으로 내신에 임하자.

만약 1년 선행이 부담스럽고 상황이 여의치 않다면 6개월, 즉 한 학기 선행도 나쁘지 않다. 중학교 3학년 1학기 때 2학기 과정을 끝내고, 2학기 때부터 공통수학 I 과정을 끝내는 것이다.

물론 아예 선행을 못했더라도 상관없다. 현행을 완벽하게 끝낸다는 생각으로 열심히 하면 충분하다. 다만 한 학기 정도 미리 공부하는 것은 선행으로 보지 않는 경향이 있으니 참고하자.

만약 현재 중학교 3학년이고 아직 고등학교 1학년 과정을 공부하지 못했다면 아래의 표대로 선행을 준비해도 좋으니 참고해 보자.

고등학교 수학 선행 플래너

중3	1학기	공통수학 I
	2학기	공통수학 II
	겨울방학	대수

고1	여름방학	미적분 I
	겨울방학	확률과 통계

고등학교 가기 전 중3 겨울방학, 이것만은 하자!

개념 정리와 문제 풀이 경험이 적고, 고등학교 입학을 앞두고 있는데 수학이 구멍투성이라면, 중3 겨울방학에 공통수학I을 완전히 이해하는 것을 목표로 삼자.

고등학교 가기 전에
꼭 알아야 할 중학교 도형

★ ★ ★ ★ ★

중학교 도형을 완벽하게 알고 있는가?

중학교 1학년 때 중학교 1학년 수학 과정을 제대로 공부하는 것으로 충분하다면 얼마나 좋을까? 중학교 2학년 때 중학교 2학년 과정을, 중학교 3학년 때 중학교 3학년 과정을 확실히 공부해 두면 그 누구도 수포자는 되지 않을 것이다. 실제로 중학교 과정을 탄탄하게 다져놓은 학생이라면 고등학교에 진학한 뒤 선행 없이도 내신이나 모의고사에서, 또 수능에서도 충분히 1등급을 받을 수 있다.

그런데 현실은 다르다. 대다수의 학생들이 중학교 때부터 선행 학습에 몰두하지만, 정작 고등학교에 진학해 첫 모의고사를 치를 때는 문제에 손도 대지 못하는 경우가 부지기수다. 그저 진도만 나가기에 급급한 겉핥기식 선행에 익숙해져 기본을 다질 기회를 놓친 데다, 생각의 재료는 없이 유형별 풀이법과 공식만 외운 상태이기 때문이다. 어려운 문제를 맞닥뜨렸을 때도 스스로 생각해서 풀기보다 선생님이 풀어준 방법을 따라 했을 뿐이다.

고등학교에 진학 후 아무리 뒤늦은 후회를 해도 소용없다. 지나간 시간은 결코 되돌아오지 않는다. 고등학교 3학년이 되어서 다시 중학교 과정을 공부하고 싶지 않다면 선행에 집착하기보다 지금 배우는 내용을 완벽하게 학습해야 한다.

고등학교 수학은 크게 대수, 정수, 기하, 조합으로 나뉘며 그중 대수와 기하가 중심이다. 대수는 수를 대신하는 것으로 x, y와 같이 문자가 들어간 식을 말하고 함수, 방정식, 부등식 등이 여기에 포함된다. 기하는 그림을 그려서 문제를 푸는 과목이라 생각하면 이해하기 쉽다.

그런데 선행에 몰두하는 학생들이 놓치기 쉬운 대표적인 분야가 있다. 바로 중학교 때 배우는 '기하'다. 기하는 중학교 도형에서부터 시작되며 이러한 기하를 소홀히 하면 학습에 큰 구멍이 뚫리고 만다. 대수는 중학교 때 배운 내용이 고등학교 1학년 때 그대로 등장하지만 기하는 다르기 때문이다. 중학교 과정에서 배우는 기하는 중학교에서만 배울 수 있다.

따라서 고등학교 기하를 잘하기 위해서는 중학교 기하, 즉 도형을 완벽하게 이해해야 한다. 고등학교 과정에서는 이 부분을 모두 잘 알 것이라 생각하고 더 심화한 내용만을 다룬다. 그러니 중학교 도형이야말로 고등학교 도형의 전 단계이자 기하의 기본이라는 생각으로 철저하게 공부해야 한다.

기하는 논증기하와 해석기하로 다시 한번 나뉜다. 그리고 이때도 중학교 과정이 중요하다. 논증기하란 좌표를 사용하지 않고 기하의 성질만을 이용해서 문제를 푸는 방법으로 중학교 과정에서 처음 등장한다. 해석기하는 좌표와 함수라는 두 가지 요소를 모두 도입해 문제를 푸는 방법으로 고등학교 과정에 해당한다. 그런데 고등학교 과정인 해석기하 문제를 풀 때도 문제에 포함된 도형을 방정식으로 표현하기 위해서는 중학교 때 배운 논증기하가 기본 바탕이 되어야 한다. 다시 말해 중학교 때 배운 도형의 성질을 활용해 고등학교 도형을 방정식의 형식으로 공부하는 것이다.

문제는 고등학교 과정을 미리 공부하는 학생 대부분이 선행학습에 매달리면서 정작 고등학교 도형의 기본이 되는 중학교 도형 공부를 등한시한다는 점이다. 더 기본적인 논증기하는 활용하지 못한 채 해석기하만 생각하는 꼴이다. 겉핥기식 선행학습의 대표적인 폐해다.

특히 이렇게 학습한 친구들의 문제는 문제 풀이 과정에서 더욱 극명하게 드러난다. 평행선의 성질이나 직선의 성질, 혹은 삼각형의 닮음을 이용하면 금방 답을 구할 수 있는 문제도 선행에서 배운 더 복잡한 수식만을 고집해 풀이한다. 쉬운 방법을 놔둔 채 더 어렵고 힘든 방식으로 도형을 공부하는 셈이다.

이런 학생들은 외심과 내심, 무게중심 같은 이야기가 나오면 그 원리는 알려고 하지도 않는다. 그저 '무게중심은 중선을 2:1로 내분한다'는 최종적인 결과만 외우고 넘어간다. 그 공식만 암기하면 공부가 끝난다고 착각하는 것이다. 하지만 왜 2:1로 내분하는지 그 이유를 금방 설명할 수 있는 정도가 되어야 제대로 개념을 아는 것이고, 그것이 바로 도형을 읽는 과정이다. 이 과정을 생략하고 공식만 외워서 문제에 접근하는 한 도형을 결코 정복할 수 없다. 그런데 많은 학생이 이런 태도를 버리지 못하고 도형을 가장 어려워한다.

고등학교 도형을 정복하려면 중학교 도형을 완벽하게 끝내야 한다. 중학교 도형의 개념을 완벽하게 설명할 수 있을 때까지 철저하게 개념을 숙지하고 반복한 뒤 문제를 풀어 내 것으로 만들자. 닮음 조건, 합동 조건은 물론이고 각의 이등분선이 왜 그러한 성질을 갖는지, 높이가 같은 삼각형의 밑변 길이의 비가 왜 넓이의 비가 되는 것인지 원리와 개념을 하나하나 이해하고 설명할 수 있어야 고등학교 수학을 제대로 이해할 수 있다.

도형의 숨은 성질을 찾아라

그렇지만 도형의 개념을 안다고 해서 모든 문제가 해결되는 것은 아니다. 아직 한 단계가 더 남았다. 도형의 개념을 다 알아도 문제 속 도형의 성질을 발견하지 못하면 말짱 도루묵이다. 하나의 도형 문제를 해석할 수 있는 방법이 너무나 많은데, 그중에 하나라도 발견하지 못하면 문제가 풀리지 않는다. 숨어 있는 원을 찾아야 하고, '이게 직각이면 이렇게 원이 그려져 있겠네'라는 식으로 도형의 성질을 찾아 접근해야 한다.

도형의 성질을 더 잘 공부할 수 있는 팁이 있다. 평소 수학 공부를 하며 임의의 도형 하나를 설정하고 '내가 이 도형으로 문제를 출제할 때 어떤 도형의 성질을 활용해 문제를 만들 수 있을까' 생각해 보는 것이다. 이 과정을 통해 내가 어떤 도형의 성질에 약한지 파악할 수 있다. 그리고 내가 스스로 약점을 찾아 보완한다면, 적어도 비슷한 문제를 다시 틀리는 일은 없을 것이다.

도형의 숨은 성질 찾기 특훈

아는 개념도 보여야 풀 수 있다. 도형의 숨은 성질을 찾은 뒤, 내가 출제자라고 생각하고 문제를 거꾸로 유추하는 연습을 하자. 도형에 대해 더욱 폭넓게 알아가기 위한 중요한 연습이니 반드시 시도해 보자.

1단계: 도형의 숨은 성질 찾기

① 문제를 읽지 않은 상태에서 도형만 가지고 닮음, 엇각, 직각 등 도형에 존재하는 모든 성질을 써본다.

※ 보조선을 그으면 숨은 조건을 더 찾을 수 있다.

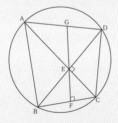

① 원에 내접하는 사각형
② 직각
③ 닮음

② 점점 더 복잡한 도형으로 숨은 성질 찾기를 반복한다. 더 구체적인 성질들을 적으며 정리해 보자. 내접하는 사각형에서

어떤 성질을 이용할지, 지름에 대한 원주각의 크기는 얼마인지 등 더 다양하고 자세한 도형의 성질을 작성하는 것이다.

2단계: 숨은 문제 찾기

지금까지는 도형의 성질을 찾는 훈련에 집중했다면, 2단계부터는 도형만 보고 문제를 유추하는 연습을 한다.

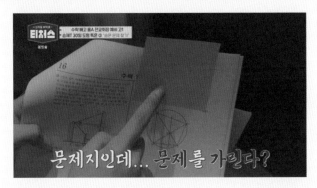

포스트잇으로 문제를 가리고, 어떤 문제일지 역으로 유추해 포스트잇 위에 적어보자. 이렇게 하면 문제를 보지 않고도 도형의 중요한 성질을 파악할 수 있다.

3단계: 다른 사람의 풀이법 참고하기

같은 문제라 하더라도 서로 다른 접근과 풀이법으로 답을 찾을 수 있다. 정답을 맞혔다고 끝내는 것이 아니라 한 문제에 관한 여러 풀이를 비교해 보자. 이 과정을 통해 문제를 보는 시야가 넓어진다.

마지막으로 유인물과 교과서 그리고 모의고사를 통해 배운 도형에 관한 핵심 포인트를 한 장으로 압축 정리해 시험 직전에 살펴보는 것도 도형의 성질을 숙지하고 활용하는 데 도움이 된다.

문제 풀이

해설지 보지 말고
생각을 해!

공식은
이해하는 거야

★ ★ ★ ★ ★

생각하는 건 죄가 아니야

수학 공부는 새로운 개념을 익힌 다음 옆에 소개된 필수 유형 문제를 푸는 방식으로 진행된다. 그렇게 그 문제를 다 풀면 모든 공부가 끝났다고 생각하는 것이 일반적이다. 하지만 필수 유형 문제는 개념을 익히기 위한 수단일 뿐 실제 문제 풀이를 위해서는 더 많은 연습이 필요하다. 상위권으로 가기 위해서는 고난도 문제를 공략해야 하기 때문에 개념을 다 익힌 후에는 수능에 자주 출제되는 문제는 물론 고난도 문제를 풀며 계속해서 연습을 반복해야 한다.

많은 학생과 학부모가 수학을 잘하는 사람은 문제를 읽자마자 곧바로 정답을 떠올린다고 착각한다. 문제를 읽기만 하면 "이거 세 번째 유형이잖아!", "이건 이 공식을 대입하면 다 풀려"라는 식으로 문제를 풀 수 있다고 믿는다. 게다가 그 정도 수준은 되어야 진정한 공부를 했다고 생각한다. 그러면서 문제를 풀 때 오래 생각하는 것을 나쁘게 여기고, 심지어 빠르게 풀지 못하는 자신을 부끄러워한다. 그런데 정말 그럴까?

　너무나 많은 학생이 수학을 공부할 때 스스로 개념을 설명해 본 적도 없고, 이 문제를 왜 이렇게 푸는지 궁금해하지도 않는다. 한마디로 수학 공부를 하면서 '왜?'라는 질문을 해본 적이 없다. 그도 그럴 것이 아이들에게 그 누구도 개념에 관해 묻지 않기 때문이다. 모두가 빠르게 문제를 푸는 것만 요구하고, 학원에서조차 더 많은 수학 문제를 빠르게 풀도록 엄청난 양의 숙제를 내주기 바쁘다. 이렇게 숙제가 많은 탓에 학생들은 문제를 푸는 데에만 급급하다. 모든 문제를 한 번씩 들여다보긴 하지만 그렇다고 스스로 생각하고 고민할 시간은 없다. 모르는 문제가 나오면 선생님에게 풀이법을 물어보겠다고 체크하고서는 그저 빠르게 넘어간다. 생각할 시간을 차단당하는 셈이다.

　학원에서도 문제의 정답만 맞히면 내용을 이해하지 못했더라도 집에 보내준다. 학원 입장에서야 이 문제만 풀 줄 안다면 학부모가 그렇게 원하는 진도 빼기는 완료했다고 생각하는 것이다. 아이들은 점점 수학을 탐구하고 이해하는 학문으로 받아들이는 대신, 기억력을 통해 빠르게 답을 찾는 활동으로 받아들인다. 사고력이 아닌 기억력으로 수학을 대하는 것이다.

결국 하루 종일 수학 공부를 하지만 정작 사고력, 즉 생각하는 훈련은 전혀 이루어지지 않는다. 수학의 첫 번째 단추는 생각하는 연습을 하는 것인데, 그러한 훈련 없이 기억력으로 쌓기만 한 정답은 어느 순간 와르르 무너져 버리는 것이 당연하다.

우리나라에 수포자가 많은 이유 역시 이러한 교육 문화와 관련 있다. 너무나 많은 학생이 생각해서 문제를 푸는 대신 접근법이나 문제의 유형, 공식을 암기해서 문제를 해결한다. 이처럼 스스로 생각하지 않고 문제를 푸는 습관은 수학을 제대로 학습하지 못하게 하는 가장 큰 원인이다. 수학을 잘하기 위한 가장 기본적이고도 중요한 방법은 스스로 생각하는 힘을 기르는 것임을 잊지 말아야 한다.

문제를 빨리 풀지 못하는 자녀를 닦달하는 부모도 있다. 안 그래도 수학이 싫은데, 옆에서 왜 그렇게 빨리 풀지 못하냐 채근한다면 아이들은 점점 더 스스로를 죄인처럼 느낄 것이다. 하지만 명심하라. 아이를 주눅 들게 하면 절대 수학을 잘할 수 없다. 앞서 말한 것처럼 수학은 생각하는 과목이기 때문에 생각할 시간을 충분히 줘야 한다. 그 시간은 아까운 시간이 아니라 사고력이 자라는 시간임을 다시 한번 명심하자.

문제를 빨리 푸는 것보다 중요한 사고력

'사고력 수학'이라는 말은 이제 모르는 사람이 없을 정도로 흔한 말이 되었지만 정작 누구도 사고력 수학이 무엇인지는 잘 알지 못하는 듯하다. '사고력 수학'이라고 이름 붙은 문제를 푼다고 해서 아이들의 사고력이 올라가는 게 아니다. 스스로 사고를 하지 않으면 사고력은 결코 기를 수 없다. 게다가 모든 수학이 사고력 수학이지, 사고력 수학이 따로 있는 것도 아니다.

"얼마나 많은 학생이 사고력 없이 수학 공부를 하고 있으면 '사고력 수학'이라는 존재하지 않던 단어가 탄생했을까요?

승제쌤

한 가지 더 당부하고 싶은 것은 생각하는 훈련에 늦은 때란 없다는 것이다. 고등학교에 진학한 뒤에도, 그때부터라도 생각하고 문제를 푸는 연습을 해야 한다. 따라서 학원에서 내주는 숙제가 너무 많지 않은지 스스로 점검하고, 충분히 생각할 시간이 부족하다면 숙제 양을 줄여야 한다. 숙제 때문에 혼자 공부할 시간이 부족하다면 공부를 하나도 하지 않은 것이나 매한가지다.

숙제를 하는 목적이 무엇인가? 실력을 올리기 위해서다. 학원에서 숙제를 내주는 것 역시 배운 내용을 스스로 고민하고 풀면서 자신의 것으로 만들라는 의미다. 그러나 수학을 고민하는 습관이 아직 형성되지 않았고 수준도 높지 않은 학생에게는 너무 과한 숙제가 오히려 해가 될 수 있다. 숙제 자체가 목적이 되고 주객이 전도되기 때문이다.

이런 경우에는 전체 문제의 양을 줄이고 하나의 문제를 끝까지 혼자 힘으로 생각해 푸는 연습을 해야 한다. 다시 한번 강조하는데, 수학을 공부할 때는 문제를 빨리 풀라고 채근해서는 안 된다. 그리고 만약 틀린 문제가 있다면 무작정 해설지를 펼쳐 답을 확인하는 것이 아니라 스스로 다시 풀어보며 그 문제에 대해 충분히 고민해 봐야 한다.

물론 수학 문제를 오래 생각하여 풀라고 해서 모든 문제 풀이를 그렇게 하라는 뜻은 아니다. 만약 기본 개념을 확인하는 문제도 풀지 못한다면, 이건 사고력의 문제가 아니라 아예 개념이 부족한 것이다. 이 경우에는 부족한 부분의 수업을 다시 듣고 개념을 완벽하게 습득해야 한다. 그렇게 개념을 완벽히 습득한 다음 고난도 문제를 풀며 오래 생각하고 스스로 해결해야 한다.

단순 암기는 절대 금지!
공식의 탄생 이유를 이해하자

수학을 잘하지 못하는 학생이 가장 흔히 저지르는 실수가 이해 없이 공식만 암기하는 것이다. 문제를 볼 때 '무슨 공식을 대입해야 하지?'부터 생각한다. 기본 개념을 이해하지 못하니 암기한 공식만 찾는 것이다.

아주 쉬운 문제를 내보겠다. 영희가 혼자서 그림 하나를 그리는 데 5일이 걸린다면 영희는 하루에 그림을 얼마나 그릴 수 있는가? 답은 매우 간단하다. 전체 그림의 5분의 1이다. 우리는 이 문제의 답을 구할 때 공식으로 풀지 않는다. 나누기의 개념을 알고 있기 때문에 누구나 아주 간단히 답을 구할 수 있다. 그런데 많은 학생이 수학 문제를 풀 때 이 정도의 생각조차 하지 않으려 한다. 그저 공식만 대입하는 것이 우리 아이들의 현실이다.

왜 그런 것일까? 아무도 기본 개념을 가르쳐주지 않아서일까? 전혀 그렇지 않다. 학교 수업 시간에 모든 선생님이 공식의 원리와 이유에 대해 설명한다. 그런데 많은 학생이 그 내용은 시험에 나오지 않는다고 생각하고 한 귀로 흘려듣고는 그저 마지막에 등장하는 공식만 외운다.

하지만 이러한 학습법으로는 문제도 풀리지 않고 실력도 늘지 않는다. 공식만 외우며 공부한 학생들이 종종 "그 문제 예전에는 풀었는데 지금은 까먹었어요"라고 얘기하는데 사실 이 말의 진짜 뜻은 "그때는 풀이법을 외웠는데 지금은 기억나지 않는다"는 말과 같다. 만약 그때 스스로 생각하며 문제를 풀었다면 지금도 풀리는 게 당연하다. 그때 생각을 안 했기 때문에, 즉 개념과 공식의 원리를 그때도 지금도 모르기 때문에 조금만 다르게 응용된 문제가 나오면 손도 못 대는 것이다.

이는 마치 운전면허 시험을 볼 때 외웠던 주차 공식과도 같다. 면허 시험을 볼 때 '옆 차의 사이드미러가 내 어깨에 오면 핸들을 오른쪽으로 완전히 감았다가…'라는 식으로 주차 공식을 외운 기억이 있을 것이다. 그런데 도로에 나갔을 때 어땠는가? 실제로 주차를 할 때는 환경이 모두 달라서 오히려 공식이 주차를 방해하는 요인이 된다. 핸들을 돌릴 때 바퀴는 어느 방향으로 돌아가는지, 차가 어떻게 작동하는지를 알아야 어떤 환경에서도 주차할 수 있다.

대부분의 학생이 주차 공식을 외우듯 수학 공부를 하고 있는 게 현실이다. 수학 문제를 빨리 푸는 방법이 아니라 수학을 배워야 한다. 수학은 스스로 생각하며 문제를 푸는 과목이다. 그러한 결과와 공식이 왜 등장했는지 이유를 알면, 즉 개념을 이해하면 수학이 훨씬 쉬워진다.

머리로 생각하고
손으로 써라

★ ★ ★ ★ ★

해설지는 구세주가 아니다

다시 한번 강조하지만 개념서는 한 권을 통째로 완벽하게 알고 있어야 한다. 그다음, 혼자 문제를 푸는 단계로 나아가야 한다. 여기서부터가 진짜 수학 공부다. 이때 곧바로 풀리는 문제도 있을 것이고, 처음에는 잘 풀리지 않는 문제도 있을 것이다. 그리고 바로 이때 제대로 공부하는 학생과 그렇지 않은 학생이 나뉜다.

어떤 학생은 문제를 눈으로 훑었을 때 잘 풀리지 않거나 이해가 가지 않으면 곧바로 해설을 찾아본다. 그러고선 '이렇게 푸는 거였구나'라고 생각하며 해답을 따라 풀어본 뒤 바로 다음 문제로 넘어간다. 그리고 다시는 그 문제를 거들떠보지 않으며 스스로 잘 안다고 착각한다.

하지만 이렇게 공부하는 학생은 수학을 영원히 잘할 수 없다. 문제를 풀 때 생각하는 과정을 거치는 것이 수학을 못하는 증거라 여기고 조금이라도 멈칫하게 되면 금방 해설지에 의존하기 때문이다. 수학 실력을 올리고 싶다면 이런 그릇된 오해에서 빨리 벗어나야 한다.

문제를 풀지 못한 것은 해설지의 내용을 이해하지 못해서가 아니라, 알고 있는 개념을 출제자의 의도대로 엮어내지 못했기 때문이다. 해설지를 바로 확인하는 것은 감추어놓은 출제자의 의도를 찾아내는 게임에서 의도를 추론하고 찾아내는 훈련의 기회를 스스로 박탈하는 것과 같다. 그래서 해설지를 많이 보는 학생은 성적이 잘 오르지 않는다. 이런 학생에게는 해설지가 오히려 독이 된다.

개념 공부가 되어 있다면, 시간이 오래 걸릴지언정 충분한 생각을 통해 문제는 풀리게 마련이다. 그러니 해설지에 의존하는 대신 먼저 문제의 의도를 파악하고, 해설지의 도움 없이 백지에서 답을 찾는 훈련을 하자.

풀이 노트에 생각의 과정을 전부 적어라

문제를 풀어본 경험이 적은 학생은 하나의 노트가 아닌 이곳저곳에 문제를 풀곤 한다. 하지만 풀이 습관을 갖지 못한 학생일수록 풀이 노트부터 만들어보는 것이 좋다. 문제집에 직접 풀이를 적는 대신, 따로 노트를 마련해서 나의 풀이 과정을 상세히 쓰는 것이다. 그다음 복습을 하며 어려운 문제를 만날 때마다 해설지 대신 풀이 노트를 보며 자신의 방법을 확인해야 한다. 노트를 통해 다시 확인할 수 있는 생각의 과정이 필요하다.

"풀이 노트를 만들어도 결국 다시 보지 않는데 의미가 있나요?"

물론 풀이 노트를 활용해 복습하는 것이 가장 좋다. 그렇지만 그 노트를 다시 보지 않더라도 이 과정은 도움이 된다. 풀이 과정을 써 내려가며 내 사고의 흐름을 확인할 수 있기 때문이다. 수학은 이 단계가 매우 중요하고 반드시 필요하다. 풀이 과정을 적어 내려가는 것은 선생님이나 해설지의 생각을 내 생각으로 바꾸는 과정이기도 하다. 수학적으로 완벽한 논리를 갖출 때 풀이 노트 작성도 가능하기 때문에 이 과정을 통해 나의 논리가 정리된다. 풀이 과정을 눈으로 확인하면서 체계적으로 사고하는 데도 도움이 된다.

문제를 완전히 해결하기 위한 공식이 나오기까지의 모든 과정을 알아야 한다. 그 과정 하나하나가 어려운 문제를 마주했을 때 활용할 수 있는 생각의 재료가 된다. 이렇게 모은 재료를 활용하면 새로운 유형의 고난도 문제도 두렵지 않다.

모의고사를 볼 때도 마찬가지다. 시험지에 풀이 과정을 적지 못한다면 이는 개념이 정리되어 있지 않기 때문이다. 수학 1, 2등급을 받는 학생 중에서는 풀이 과정을 적지 않는 경우가 더 드물다. 기본 예제처럼 틀에 박힌 문제를 너무 많이 풀어서 문제를 보기만 해도 답이 튀어나오는 경우만이 예외다. 이런 학생도 풀이 과정을 적지 않고 고난도 문제를 푸는 것은 불가능하며 특히 수능에서 당락을 결정하는 고난도 다섯 문제는 암산으로 절대 풀 수 없다.

수학을 못하는 학생은 계산을 하고, 수학 잘하는 학생은 풀이를 한다. 수학을 잘하는 아이들은 풀이를 계속 정리해 가며 자기 생각의 과정을 직접 쓰고 확인한다. 누구에게 보여주기 위한 것이 아니라 스스로 확인하기 위해서다.

안 풀리는 문제는 여러 번 시도하자

앞서 문제가 풀리지 않을 때 곧바로 답안지를 확인하는 습관을 버리라고 했다. 수학 공부를 많이 하거나, 엄청나게 많은 수학 문제를 풀면 모든 문제가 단번에 풀릴 거라는 기대는 아주 큰 오해다. 어려운 문제는 여러 번 시도하고 고민하기를 거듭하는 게 정상이고, 이를 통해 생각하는 힘을 기를 수 있다.

곧바로 해설지를 펼쳐 정답을 확인하지 않으면서 동시에 성취감도 느낄 수 있는 방법을 소개한다. 잘 풀리지 않는 문제에 도전할 때마다 문제에 표시하는 것이다. 방법은 간단하다. 그 문제를 처음 접한 날의 날짜를 문제 옆에 적어놓자. 1차 시도를 몇 월 며칠에 했는지 표시한 뒤 다음 공부 시간에 다시 풀이를 시도해 보라. 이때도 풀지 못했다면 다시 시도한 날의 날짜를 적어놓는다. 이처럼 풀이한 날짜를 작성해 두면 내가 이 문제를 몇 번 시도했는지 알 수 있고, 마침내 풀어냈을 때에는 성공 경험과 함께 성취감도 얻을 수 있다. 게다가 문제를 풀려는 시도가 여러 번 있었다는 것은 그만큼 나한테 어려웠던 문제라는 뜻이니, 이런 문제는 더 주의를 기울이게 되고 기억에도 더 오래 남는다.

꼭 날짜를 쓰지 않아도 괜찮다. 자기만의 방식으로 따로 표시해 두면 된다. 어떤 친구들은 한 번 시도해서 못 풀었다면 별 하나를, 그다음에 또 못 풀면 별 하나를 추가로 표시한다. 이런 식으로 별 세 개짜리 문제, 별 두 개짜리 문제를 구분하는 것도 좋은 방법이다. 어떤 방식이든 좋으니 내가 한 번 푼 문제집에서 '내 안의 난이도'로 분류해 보는 것이다.

앞서 개념 과정에서 하나의 문제집을 총 다섯 번 정도 복습하라고 했는데, 그때도 한 번 복습이 끝날 때마다 사인하듯 몇 월 며칠에 끝났는지 날짜를 적어놓으면 좋다. 나만의 성취감을 올리는 방식이 되어줄 것이다.

"그럼 해설지는 대체 언제 보나요?" 이런 질문을 할 수도 있겠다. 해설지를 최대한 보지 않는 것이 좋다면 해설지에는 답만 적혀 있어도 충분하지 않을까? 하지만 해설지도 활용법이 있다. 해설지는 내가 생각하지 못한 다른 풀이 방법의 힌트를 얻는 수단이다. 이를 통해 문제를 푸는 다양한 시각과 방법을 익힐 수 있다. 그래서 해설지를 활용하는 가장 좋은 방식은 스스로의 힘으로 문제를 푼 다음 해설지를 확인하는 것이다. 혼자 오랫동안 생각해 보고 문제를 해결한 뒤, 해설지와 내 풀이 방법을 비교해 보자.

끝내 풀지 못하는 어려운 문제라 할지라도, 적어도 세 번 정도는 시도해야 한다. 물론 개념 정리가 모두 끝난 상태여야 한다. 그렇게 머리를 싸매고 풀이법을 고민하다 보면 20~30분은 금방 지나갈 것이다. 영원히 풀릴 것 같지 않다고 생각할 수 있다. 그런데 정말 신기하게도 세 번쯤 시도하면 대부분의 문제가 풀린다. 해설지

문제 풀이의 기본

① 풀이 과정 생략 금지!

문제를 풀 때 머릿속으로 암산하지 말고 반드시 풀이 과정을 손으로 적어보도록 하자.

② 문제집에 직접 풀이 금지!

문제집의 빈 곳에 풀이를 쓰지 말 것. 이렇게 하면 나중에 나만의 풀이 과정을 확인하기 어렵다.

③ 계산이 아닌 풀이 과정을 쓴 '풀이 노트'를 만들어라

하나의 노트를 지정해 풀이 과정을 적어두자. 자주 틀리거나 풀이 과정에서 애를 먹은 문제일수록 풀이 노트는 더욱 진가를 발휘할 것이다.

는 그렇게 문제를 해결한 다음, 바로 그때 보는 것이다.

만약 세 번 시도하고 충분히 고민했는데도 안 풀리는 문제가 있다면 그때는 해설지나 해설 강의를 확인할 자격이 있다. 다만 이때도 내가 왜 이 문제를 풀지 못했는지 그 원인을 명확하게 알아야 한다. 해설지를 통해 어느 부분이 약한지 스스로 판단하고 보충하

라. 그리고 이 과정을 모든 문제에서 반복하라. 그렇게 하다 보면 웬만한 문제는 다 풀릴 것이다.

수학은 많이 실패할수록 성장한다

★ ★ ★ ★ ★

오답 노트에 실패를 수집하라

앞서 문제를 여러 번 시도하고 고민하면서 풀라고 말했다. 이 과정을 충실히 따랐다면 이렇게 여러 번 시도했던 문제들은 따로 스크랩해 두는 것이 좋다. 이것을 흔히 오답 노트라 부른다.

이 오답 노트는 이후 실전 문제 풀이 과정에 크나큰 도움이 된다. 수능 시험을 보기 전, 이 오답 노트만으로 3년 동안의 과정에서 한 번에 풀리지 않았던 문제들을 한꺼번에 복습할 수 있기 때문이다. 이 노트 한 권이 나의 약점을 파악할 수 있는 일종의 엑스파

일이 되는 것이다. 어려웠던 문제를 완벽하게 내 것으로 만들 수 있다면 3년 동안 공부했던 모든 문제를 정복한 것이나 마찬가지다. 그러면 더 이상 두려울 게 없다.

오답 노트는 다른 말로 표현하면 나의 실패 모음집이지만 명심하라. 다른 모든 분야와 마찬가지로 수학도 많이 실패해야만 성공할 수 있다. 우리가 좋아하는 게임도 실패하기 때문에 재미있다. 너무 쉬운 게임은 큰 흥미를 끌지 않는다. 단 한 번의 성공을 위해 수많은 실패를 거쳐야 하므로 게임에 더 몰입할 수 있다. 성공해서 중독되는 게 아니라 수많은 실패 뒤 느낄 성공의 쾌감을 알기 때문에 중독되는 것이다.

수학도 마찬가지다. 킬러 문제만 맞히면 바로 최상위권으로 수직 상승을 할 수 있다는 것을 알기에 더 집요하게 공략할 수 있다. 그토록 어려운 문제를 스스로 풀었을 때 느껴지는 성취감과 쾌감을 단 한 번이라도 경험한 사람은 그 감정에 중독된다. 말하자면 '착한 중독'이다.

앞서 계속 강조했듯 수학 문제는 안 풀리는 게 정상이다. 누구나 어려운 문제를 만나면 충분히 생각하고 고민해야 한다. 안 풀리기 때문에 더 재미있는 수학의 매력에 빠져보자.

수학자 허준이 교수도 이렇게 얘기했다.

"연구는 100번, 1000번 시도해도 실패의 연속입니다. 아주 긴 시간 동안 아무 보상이 없다가 어느 날 '아, 이렇게 하면 되는구나.' 하는 깨달음과 함께 큰 즐거움을 주지요. 저도 100일 중 99일은 허탕 치곤 해요."

수학을 잘하는 친구들이 문제를 빠르게 푸는 이유는 매우 많은 시간 동안 치열하게 고민했기 때문이다. 그 고민과 실패의 시간이 바탕이 되어주었기에, 새로운 문제를 맞닥뜨리고 아무리 어려운 문제를 마주해도 도전하고 결국 풀어내는 것이다.

물론 실패를 싫어하는 마음이 드는 것도 당연하다. 그 실패의 순간을 견디지 못하고 피하는 마음도 이해한다. 하지만 이렇게 피하기만 한다면 수학 성적을 올릴 기회를 영원히 놓치게 된다. 수학 문제를 풀지 못하는 것을 죄악시하거나 부끄러워하지 말고 오히려 못 푸는 게 당연함을 빨리 깨달아야 한다. 그리고 풀리지 않는 문제에 더 깊게 파고들어야 한다.

실패하려고 공부하는 게 수학이다. 실패가 수학이고 수학이 실패다. 실패를 경험하고 그걸 보완하는 과정에서 발전한다. 그리고 바로 그게 수학의 재미다. 그 재미를 꼭 한 번 느껴보길 바란다.

오답 노트와는 다른 발견 노트,
문제를 풀면서 느낀 점을 적자

앞서 말했듯 어려운 문제는 여러 번 풀이를 시도해 스스로 풀어야 한다. 그다음 해설지와 나의 풀이를 비교해 보는 과정을 거치는 것이다.

혼자서 문제를 풀기 위해 고군분투한 학생이라면 해설지의 풀이를 볼 때 이런 생각을 떠올린 적이 분명 있을 것이다.

'이런 방법도 있구나.'

'내가 접근한 방식보다 이렇게 접근하는 게 더 좋을 수 있겠구나.'

바로 이때 해야 할 일이 있다. 해설지를 보면서 느낀 이 깨달음을 노트에 정리하는 것이다. 이는 단순히 문제의 풀이 방식만 적는 '오답 노트'와는 다르다. 그보다 한 단계 더 깊이 들어가는 '발견 노트'다. 발견 노트는 오답 노트보다 더 구체적이며, 오답을 적게된 과정과 그때의 생각을 모두 담아내야 한다.

발견 노트를 작성할 때는 그 문제의 풀이 과정에서 느낀 점, 또는 그 문제를 풀면서 새롭게 깨달은 개념을 적는다. 어떤 문제를 통해 그러한 깨달음을 얻었는지 기억하기 위해 해당 문제를 스크랩해 두는 것도 좋다. 다시 말해 발견 노트는 공부를 해나가며 발견하게 된 자기만의 공부 히스토리를 쓰는 것이다.

한 가지 유의해야 할 것은 발견 노트는 문제를 몰라서 못 푸는 게 아니라 개념은 모두 숙지하고 있지만 접근법을 발견하지 못할 때 시도해야 도움이 되는 방식이라는 점이다.

전교 1등 학생이 킬러 문제를 풀지 못했을 때는 개념을 모른다기보다 문제를 풀 단서가 끝내 떠오르지 않았을 가능성이 크다. 이런 학생은 이 문제에 여러 번 도전하면 도전할수록 풀고야 말겠다는 생각이 끓어오른다. 이러한 고민 끝에 해설지를 펼쳐 풀이법을 확인하면 보자마자 '아, 내가 이걸 왜 못 떠올렸지!'라며 안타까워한다. 몰라서 못 푼 게 아니기 때문에 이 과정을 통해 '앞으로 이런 조건이 나오면 이런 풀이법을 떠올려보자'라는 식의 배움을 얻을 수 있다. 바로 이런 점을 모두 발견 노트에 기록하는 것이다.

발견 노트 역시 오답 노트와 마찬가지로 꾸준히 작성하다 보면 나의 약점을 스스로 발견할 수 있고, 덕분에 내가 부족한 부분을 다시 공부해서 채우는 데 도움을 얻을 수 있다. 발견 노트를 쓸 수 있는 수준의 학생이라면 개념 속 디테일한 부분에 약점이 있을 가능성이 크다.

누구나 문제를 풀기 위해서 많은 생각을 한다. 모두가 문제를 풀고 채점을 하며 반성하고 깨닫고 느끼는 과정을 겪지만 이는 금

세 잊어버리기 쉽다. 발견 노트는 이런 기억을 놓치지 않고 붙잡아 주는 역할을 한다. 이러한 나의 고민과 생각이 쌓여 실력이 된다는 점을 잊지 말자.

발견 노트의 또 다른 장점이 있다. 문제를 풀고 기록으로 남기다 보면 문제 하나하나가 쉽게 잊히지 않고 기억에 더 오래 남는다. 그러니 실력이 느는 것은 어찌 보면 당연하다. 이렇게 실력을 쌓은 뒤 발견 노트를 다시 보면 '내가 이 문제를 이렇게 풀었단 말야?'라고 코웃음을 칠 날이 올 것이다.

참고로 선생님도 발견 노트를 쓴다. 문제를 마주할 때마다 '학생들에게 이렇게 가르치면 더 좋지 않을까?' 고민하며 더 좋은 강의법을 찾는 과정을 기록한다. 내 생각의 과정을 기록하는 것은 수학 실력을 키우는 데 너무나 중요하다. 사고력을 키우고 고난도 문제를 정복하고 싶다면 발견 노트를 써보자.

기출문제,
똑똑하게 이용하라

★ ★ ★ ★ ★

좋은 문제의 영양소를 최대한 뽑자

개념 공부를 끝내고 문제 풀이 과정으로 넘어간 다음에는 기출 문제를 푸는 게 좋다. 평가원 문제처럼 질 좋은 문제들은 앞에서 소개한 방식으로 여러 번 풀고 기억해서 문제 속 영양소를 최대한 뽑아내야 한다.

흔히들 기출 문제를 공부하는 이유가 똑같은 문제가 다시 출제 될 것을 대비하기 위해서라고 생각하지만 이는 틀렸다. 기출문제 를 푸는 이유는 앞서 출제된 문제를 풀어보면서 평가원에서 문제를 출제하는 성향과 의도를 파악하고 이에 걸맞게 생각하는 연습을 하기 위해서다.

기출문제 공부가 모두 끝난 뒤에는 EBS 문제를 풀어본다. 《수능특강》을 시작으로 《수능완성》까지 연습하자. 그다음에는 시중에 출간된 문제집들로 문제 풀이를 거듭해야 한다. 문제를 풀 때는 앞서 말했듯 반드시 내가 한 번에 풀지 못했던 문제를 따로 모아두고 반복해서 봐야 한다. 개념 공부를 마친 뒤에도 문제를 풀지 못했다는 것은 문제 속에 숨겨진 출제 의도를 발견하지 못했다는 뜻이므로 반복해서 보며 숨겨진 출제 의도를 찾아내는 훈련을 거듭해야 한다.

고등학교 1~2학년 동안 이러한 방식으로 공부를 지속했다면 고3이 되었을 때 내가 틀렸던 문제들을 복습하는 것만으로도 수학 공부 시간의 절반을 채우게 될 것이다. 나머지 절반은 태어나서 처음 보는 고난도 문제를 푸는 시간이 될 텐데 그중에서도 한 번에 풀리지 않은 것들은 앞서와 동일한 방식으로 오답 노트와 발견 노트를 작성하며 복습해야 한다.

다시 말해 고3이 되면 수학 공부를 하는 두 시간 중 한 시간은 복습이 차지해야 한다. 지금까지 한 번이라도 실패했던 문제를 제대로 풀 수 있는지 다시 한번 확인하면서 감각을 이어가는 과정이 필요하다. 남은 한 시간 동안에는 지금까지 한 번도 접하지 못한, 완전히 새로운 문제를 푼다. 수능에서의 고득점은 아주 어려운 3~4개 문제를 풀 수 있느냐에 달려 있다. 따라서 이런 문제를 꾸준히 접하고 푸는 연습이 필요하다.

복습을 할 때 한 문제를 여러 번 반복해 풀다 보면 더 이상 내가 고민할 수준의 문제가 아니라는 생각이 들 때가 오는데, 그럼 그 문제는 노트에서 삭제해도 좋다. 혹은 이런 문제들을 따로 모아두는 것도 이후 복습을 할 때 도움이 될 수 있다.

평가원 문제 풀이

평가원 모의고사는 엄청난 예산과 노력을 투자해 만든 훌륭한 문제다. 이와 같은 양질의 평가원 문제는 여러 번 풀어서 문제에 포함된 영양소를 최대한 뽑아내자.

기출문제에만 의존하지 마라

기출문제의 중요성을 워낙 여러 곳에서 강조하다 보니 '기출문제만 풀면 성공한다'는 착각을 하는 학생이 더러 있다. 이런 탓에 몇몇 학생은 끊임없이 기출문제만 푸는 일종의 '기출 의존증'에 걸리기도 한다.

물론 기출문제를 푸는 것이 나쁘다는 말이 아니다. 문제는 기출문제에서 묻는 개념과 원리는 이해하지 않고 그저 문제 풀이 방식을 외우는 경우다. 이 경우에는 개념을 익힐 수도, 응용력과 사고력도 기를 수 없다. 그러니 이렇게 공부하는 친구들은 아무리 많은 기출문제를 풀어도 조금이라도 낯선 유형의 문제를 마주하면 겁부터 먹을 수밖에 없다.

5년 전까지만 해도 수능에서 가장 어려운 킬러 문제 두 개를 제외하고는 기출문제를 수없이 많이 푼 학생이라면 과목에 대한 이해도와 상관없이 누구나 풀 수 있을 만큼 비슷한 유형의 문제가 많이 출제되었다. 그래서 단지 문제 풀이만을 목표로 '이 문제는 이렇게 하면 빨리 풀 수 있다'라는 식의 공부법이 통했다.

그러나 최근에는 시험의 경향이 바뀌고 있다. 생각할 줄 아는 능력이 없으면 풀 수 없는 고난도 문제가 출제된다. 그러니 반복적인 기출문제 풀이를 통해 미리 생각의 과정을 끝내놓고 현장에서는 단순히 풀이만 하겠다는 마음으로는 높은 성적을 얻기 힘들다.

기출문제는 당연히 좋은 문제들이니 공부해야 한다. 그러나 기출문제 자체를 목적으로 삼지 말고, 그 문제들을 통해서 내가 부족한 부분을 발견하고 설명할 수 있게 만든다는 생각으로 공부하자. 그래야 응용력을 기를 수 있다. 기출문제는 사고력을 높이는 훌륭한 재료다.

고등 수학 4대 천왕을 정복하라

★ ★ ★ ★ ★

대학 간판을 바꾸는 네 가지 영역

고등 수학에는 4대 천왕이라고 불리는 영역이 있다. 삼각함수, 수열, 미분, 적분이다. 항간에는 이 네 가지 영역을 얼마나 완벽하게 공부하냐에 따라 대학 간판이 바뀐다는 이야기도 있을 정도다. 현재의 수능에서 킬러 문제라고 불리는 어려운 문제들이 여기서 한 문제씩 출제되기 때문이다.

함수는 그래프를 잘 그리는 것이 관건이다. 그래서 그래프를 완벽하게 그릴 줄 알면 어느 정도 해결할 수 있다. 미분과 적분도 결국은 주어진 함수의 그래프를 잘 그려내기 위한 도구라 볼 수 있다. 다만 여기에 더해 좀 더 깊은 이해가 필요하다. 함수의 성질에 대해 완전히 이해해야 하기 때문이다.

미적분은 함수의 변화를 예측하는 도구이고, 그래서 '미적분을 해야 이게 풀려'가 아니라 '미적분을 이용해서 한번 접근해 볼까'라는 태도로 미적분을 대해야 한다. 한마디로 미적분이란 중학교부터 고등학교까지 6년간 공부한 모든 함수 지식을 총망라해서 사용해야 하는 도구인 것이다.

앞서 말했듯 수능에서 고득점을 얻기 위해서는 이 네 영역에서 출제된 킬러 문제를 해결하는 것이 관건이다. 지금부터는 많은 수험생들이 가장 어려워하지만 또 그렇기에 반드시 해결해야 하는 이 네 영역을 정복할 수 있는 방법을 소개하겠다.

◆ 삼각함수 그래프 장인이 돼라

삼각함수는 정확한 그래프를 그릴 줄만 알아도 거의 해결된다. 그래프로 완벽하게 표현할 줄 알아야 한다. 그래프를 정확하게 그리지 못하면 심화 문제에서 발목이 잡힌다.

심화 단계로 가면 교점, 대칭성, 최댓값, 최솟값, 주기 등도 그래프로 표현할 수 있어야 한다. 그러려면 당연히 그래프를 많이 그려봐야 하고, 훈련해야 한다. 삼각함수의 생명은 주기성과 대칭성인데, 대칭성을 발견하기 위해서도 정확한 그래프가 필요하다. 그래프를 명확하게 그리는 연습을 하자.

◀ 수열 나오는 문제가 정해져 있다

최근 수능에서 수열은 4점짜리 문제로 출제 유형이 정해져 있다. 바로 점화식이다. 점화식은 여러 가지 복잡하게 주어진 조건을 일일이 해석하는 방식으로 풀어야 한다. 시험이라는 제한된 시간 안에 이러한 작업을 빠르게 처리하기 위해서는 사전에 고민하는 연습을 많이 해두어야 한다. 하나의 스킬을 토대로 답을 내는 과정이라기보다 다양한 조건에서 추론하는 연습이 필요하기 때문이다.

따라서 점화식은 무엇보다 많은 문제를 풀어보고, 또 한 문제를 여러 가지 방식으로 접근하는 연습을 많이 해두는 게 도움이 된다. 풀이 노트에 따로 풀어둔 문제를 복습하는 과정도 필요하다. 스스로 설명하며 개념을 익히고 수열을 정복하자.

◀ 미분과 적분 풀지 말고 그려라!

수학 문제를 푸는 두 가지 방법으로 대수적인 방식과 기하적인 방식이 있다. 대수적인 방식이란 식으로 접근해 문제를 푸는 것이고, 기하적인 방식은 그래프를 그려서 푸는 것이다.

그런데 대부분의 문제가 주어진 조건을 그래프로 표현했을 때 더욱 쉽게 풀린다. 식을 활용하면 모든 과정을 하나하나 계산해야 실근이 몇 개인지 알 수 있지만, 잘 그린 그래프를 통해 교점이 몇 개인지를 알면 곧바로 실근의 개수를 파악할 수 있기 때문이다.

그런데 수학을 그림으로 표현하는 연습이 부족한 학생은 모든 문제를 식으로 해결하려고 한다. 하지만 이런 학생일수록 머릿속에서 주어진 조건을 그림으로 그려봐야 한다. 수학을 잘하는 학생은 문제를 읽을 때 그림으로 시각화해서 해석한다.

다시 말해서 함수 파트는 항상 그림으로 해석할 줄 알아야 실력이 는다. 그러니 주어진 조건을 그래프로 표현하는 연습을 게을리하지 말아야 한다. '다음 세 가지 조건을 만족하는 삼차함수는 무엇인가?'라는 문제라면, 삼차함수 그래프를 통해 이 세 가지 조건을 만족하는 답을 찾아내는 것이다. 미적분 역시 식으로 푸는 게 아니라 그림으로 생각하는 과정이 필요하다. 식을 세우지 않고 그래프로 그려 풀이할 때 더 간단하게 표현될 수 있다.

다시 말하지만 미분과 적분의 생명은 그래프 그리기다. "미적분을 왜 배워?"라고 물었을 때 "그래프 잘 그리려고"라고 답해도 무리가 아닌 이유다. 대부분의 함수의 성질이 미적분으로 해석될 수 있으므로 그렇게 해석하는 연습을 많이 해야 한다. 즉 미분을 통해 함수의 성질을 파악하는 과정이 많이 필요하다.

이를 위해서는 우선 미적분 필수 예제 문제들을 그래프를 이용해 풀어보자. n차 함수의 그래프 특성을 미적분을 통해 익히는 것이다. 사차함수뿐 아니라 삼차함수, 이차함수 등 종류별로 그래프를 섭렵하자. 그다음 그래프를 활용해 문제를 풀면 풀이 과정이 한눈에 보이고 문제도 더 쉽게 풀린다.

미적분은 깊게 공부할수록 문제를 푸는 접근 방식이 매우 다양해진다. 그만큼 좀처럼 정복이 안 되고 공부하면 할수록 어려워지는 느낌이다. 그래서 마음을 급하게 갖지 않고 깊이 공부하려는 태도가 중요하다. 단순히 교과서 수준에 머무는 것이 아니라 여러 가능성에 대해 충분히 고민할수록 생각의 재료가 풍부해질 수 있음을 기억하라. 재료가 많이 쌓이면 문제 풀이는 더욱 쉬워진다.

미적분을 깊이 공부하라는 말에 몇몇 학생은 여러 가지 미적분의 성질을 그냥 외워버리려고 한다. 그러나 '합성 함수에서 이런 문제가 나올 때 이렇게 미분 가능하다'라는 결론을 외우는 것은 문제를 푸는 데 아무 소용이 없다. 왜 그때 그렇게 하면 미분이 가능한지, 그 과정을 설명할 줄 알아야 한다.

또한 그 대부분은 정의에서 시작한다. 하지만 많은 학생이 그 정의를 정확하게는 모른다. 그래서 '미분 가능한 조건이 뭐냐'라고 물었을 때 정확하게 설명할 수 있는 학생이 거의 없다. 대부분 '함수가 연속이어야 하고, 그래프가 뾰족하지 않아야 한다'라고 대답할 뿐이다. 하지만 이는 미분 가능성의 정의가 아니라 미분 가능성이라는 몇 가지 문제를 빨리 푸는 방식이다.

결과만 암기할 생각을 하지 말고 정의에 충실해야 한다. 시중에 돌아다니는 미적분을 통한 함수의 성질을 암기해서는 안 된다. 그 과정을 스스로 도출해 낼 줄 알아야 한다. 그러면 생각의 재료를 축적해 응용력이 생기기 시작한다. 이 모든 것이 정의를 아는 데서 시작됨을 명심하자.

고난도 문제
공략하기

★ ★ ★ ★ ★

요리조리 풀어보기

개념을 제대로 공부한 학생이라면 모의고사에서 3등급 정도는 얼마든지 받을 수 있다. 수능 2등급이라면 중상위권 정도에 속하는데, 사실 2등급이라 해도 엄청나게 열심히 공부하는 학생들로만 이루어진 것은 아니다. 개념 설명은 가능하지만 문제 풀이 연습이 부족해 문제 감각이 떨어지는 학생이 대부분이다. 개념을 완벽히 알고 연습도 하는 학생이라면? 당연히 1등급이다.

2등급에서 상위권으로 올라가려면 그 과정에서 점점 더 어려운 문제를 맞닥뜨리게 된다. 당연히 좌절도 많이 경험한다. 이러한 어려움을 극복하고 계속해서 도전을 이어갈 수 있는 방법을 스스로 찾아야 한다. 그래야 상위권으로 올라가는 것이 가능하다. 이를 위해서는 여러 방면으로 문제에 접근할 수 있어야 한다. 그래야 복잡한 문제도 풀 수 있다. 하나의 문제를 그래프로도 풀 수 있어야 하고 식으로도 풀 수 있어야 한다. 스스로 다양한 풀이 방식을 고민하지 않고 그저 해설지만을 정답으로 삼고 단순히 외우기만 한다면 아무리 수학 공부를 해도 오히려 수학적 사고가 편협해진다.

해설지에 소개된 풀이법 외에 여러 사람의 풀이법을 참고하는 것도 방법이다. 해설지뿐만 아니라 학교 선생님은 어떻게 풀었는지, 다른 친구는 어떻게 풀었는지, 여러 사람의 풀이법도 알아보자. '아, 이런 식으로 풀 수도 있구나. 이건 내가 미처 생각하지 못했네'라는 깨달음과 함께 다양한 각도에서 문제를 파악해야 사고의 지평을 넓힐 수 있다.

사실 모범 답안이라는 말에는 어폐가 있다. 모범적인 답안은 존재하지 않기 때문이다. 해설지에 있는 풀이도 여러 풀이 방식 중하나일 뿐이다. 더 솔직히 말하면 해설지에 소개하기 가장 편한방법이기도 하다. 해설지에 나온 방법으로만 문제를 풀어야 정답이고 정상인 것은 아니다.

진짜 중요한 것은 내가 이 문제를 왜 틀렸는지를 아는 것이다. 답이 틀렸다면 내가 잘 풀지 못한 이유를 파악하자. 어디에 구멍이 있기에 내가 잘못 생각했는지를 발견하고 명확하게 인지해야 한다. 이러한 수학적 반성을 통해 발전할 수 있다.

사고력 높이는 1문제 2풀이

한 문제를 최소 두 가지 방법으로 풀어보라! 다양한 방식으로 문제를 풀수록 생각의 재료가 더욱 쌓인다.
펜의 색깔을 달리해서 푸는 것도 방법이다. 처음 문제 풀이에서 파란색 펜을 썼다면, 다음에는 빨간색 펜을 활용한다. 이렇게 '1문제 2풀이'로 문제를 풀다 보면 수학적 사고력이 넓어지고 깊어진다.

어려운 문제는 조건을 지워보라

개념도 완벽하고 문제를 어느 정도 풀 수 있는 수준이 되었는데도 문제가 풀리지 않을 때 활용하기 좋은 팁이 있다. 바로 문제의 조건을 지우고 푸는 것이다.

　예컨대 f(5)의 값을 구하는 문제에서 최고차항의 계수가 1인 삼차함수라면 미지수의 개수는 세 개다. 이 미지수 세 개를 찾으면 답이 나오므로 식 역시 세 개가 필요하다. 이때 문제를 살펴보면 문제 안에 세 개의 조건이 포함되어 있음을 알 수 있다. 이 조건을 잘 발견하지 못하기 때문에 문제를 풀지 못하는 경우가 많다. 또 조건은 발견했더라도 이를 어떻게 사용해야 할지 잘 모른다. 그래서 결국 "모르겠어요"라는 대답을 내뱉는다.

　하지만 이때 문제에서 주어진 조건을 모두 지운 뒤 하나씩 적용해나가 보자. 수학 문제는 문제 속의 모든 단어가 강력한 힌트다. 문제 풀이에 접어들기 전 모든 조건을 지우고, 하나 하나씩 조건을 살려가며 그 조건을 어떻게 문제 풀이에 적용할지 고민하는 것이다. 이렇게 주어진 조건의 수와 내가 구해야 할 미지수의 수를 맞춰나가다 보면 어느새 문제는 풀려 있다. 게다가 이렇게 조건을 지우며 문제를 풀다 보면 이 문제가 묻는 것이 무엇인지, 또 답을 구하기 위해서는 주어진 조건 중 어느 것을 어떻게 활용해야 하는지를 하나하나 파악할 수 있다.

조건을 살리며 문제 풀기 ✨

문제 속 조건들을 한꺼번에 처리하려다 보면 문제가 잘 안 풀
릴 수 있다. 어려운 문제일수록 단순하게 만들어야 한다. 아래
문제에서 조건을 살려가며 문제 푸는 법을 연습해 보자.

① 먼저 문제에서 주어진 조건을 모두 지우는 것이 시작이다.

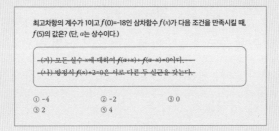

최고차항의 계수가 1이고 $f(0)=-18$인 삼차함수 $f(x)$가 다음 조건을 만족시킬 때,
$f(5)$의 값은? (단, a는 상수이다.)

~~(가) 모든 실수 x에 대하여 $f(a+x)+f(a-x)=0$이다.~~
~~(나) 방정식 $f(x)+2=0$은 서로 다른 두 실근을 갖는다.~~

① -4   ② -2   ③ 0
③ 2   ⑤ 4

② 그다음 첫 번째 조건만 살리면 문제가 훨씬 단순해진다.

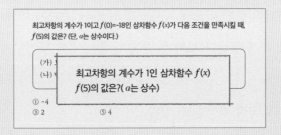

최고차항의 계수가 1이고 $f(0)=-18$인 삼차함수 $f(x)$가 다음 조건을 만족시킬 때,
$f(5)$의 값은? (단, a는 상수이다.)

(가)
(나)

최고차항의 계수가 1인 삼차함수 $f(x)$
$f(5)$의 값은?(a는 상수)

① -4
③ 2   ⑤ 4

③ (가) 조건으로 점대칭의 중심(변곡점)을 추가한다.

최고차항의 계수가 1이고 $f(0)=-18$인 삼차함수 $f(x)$가 다음 조건을 만족시킬 때, $f(5)$의 값은? (단, a는 상수이다.)

(가) 모든 실수 x에 대하여 $f(a+x)+f(a-x)=0$이다.
~~(나) 방정식 $f(x)+2=0$은 서로 다른 두 실근을 갖는다.~~

① -4   ② -2   ③ 0
④ 2   ⑤ 4

④ 이어서 (나) 조건을 추가해 본다. (나) 조건으로 극대, 극소값을 추가한다.

최고차항의 계수가 1이고 $f(0)=-18$인 삼차함수 $f(x)$가 다음 조건을 만족시킬 때, $f(5)$의 값은? (단, a는 상수이다.)

(가) 모든 실수 x에 대하여 $f(a+x)+f(a-x)=0$이다.
(나) 방정식 $f(x)+2=0$은 서로 다른 두 실근을 갖는다.

① -4   ② -2   ③ 0
④ 2   ⑤ 4

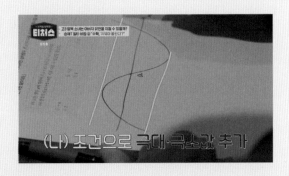

이렇게 모든 조건을 지웠다가 하나씩 조건을 되살려 가면서 문제를 풀어보자. 이 방식을 활용하면 조건을 놓치는 실수도 줄이고 문제도 더 쉽게 풀 수 있다.

문제를 단순화하는 연습을 통해 더 체계적으로 문제 푸는 법을 훈련하자.

연습은
나를 배신하지 않는다

★ ★ ★ ★ ★

강사가 문제 푸는 걸 구경만 하는 아이들

문제를 풀다가 도저히 풀리지 않는 어려운 문제를 맞닥뜨리면 어떻게 해야 할까? 많은 학부모와 학생이 생각하는 가장 쉬운 해결 방법은 4점짜리 문제를 전문적으로 다루는 학원에 다니는 것이다. 하지만 이는 결국 다른 사람의 풀이 방법을 구경하겠다는 얘기와 별반 다르지 않다.

학원에서 수업을 듣는 많은 학생은 선생님이 어려운 문제를 멋지게 푸는 걸 구경만 한다. 복습을 하면서도 선생님이 푼 방법을 그대로 따라 하고, 그걸로 수학 공부를 다 했다고 착각한다. 스타 강사가 멋있게 문제 푸는 걸 그저 보기만 했으면서 본인도 잘 풀 수 있다고 착각하는 것이다.

하지만 강사의 문제 풀이는 강사의 것이다. 내 생각이 아니라 강사의 생각이기 때문이다. 하지만 내 생각을 바탕으로 문제를 풀어야 내 것으로 만들 수 있다. 강사의 생각을 '기억'하면서 푼 문제는 결코 내 것이 될 수 없다. 결국 시험 때에도 혼자서 문제를 풀어내지 못한다. 실력은 늘지 않고 다른 어려운 문제가 나왔을 때 또다시 막힌다.

4점짜리 어려운 고난도 문제가 풀리지 않는 이유는 크게 두 가지로 나눌 수 있다. 첫 번째는 개념이 약한 경우, 두 번째는 개념은 알지만 어떤 개념을 적용할지 몰라 풀지 못하는 경우다. 만약 개념이 약한 상태라면 당연히 개념 공부를 먼저 해야 한다. 하지만 두 번째 유형에 속한다면 학원에 다닐 게 아니라 앞에서 여러 번 강조한 것처럼 혼자서 끙끙대며 생각하는 연습을 해야 한다.

같은 학원을 다니는 학생도 등급에 따라 공부 습관이 천차만별이다. 수학 1~2등급을 무난히 받는 친구들은 스스로 문제를 푸는 것이 습관화되어 있다. 이렇게 문제 푸는 데 익숙한 학생이라면 학원에 다니는 것이 도움이 된다. 충분히 고민하고 문제를 푼 다음 학원 선생님의 해설을 보며 또 다른 풀이법을 익힐 수 있기 때문이다.

하지만 3등급 이하 학생 대부분은 고난도 문제를 마주하면 직접 문제를 푸는 대신 선생님 풀이를 구경만 한다. 이렇게 다른 사람이 문제 푸는 것을 3년 내내 구경만 하다가 수능 날을 맞이하는 것이다. 아무리 매일 학원에 다니고 인강을 들어도 스스로 연습하는 과정이 없으면 아무 소용이 없다. 다시 한번 강조하지만 학습을 통해 나의 것으로 만들어야 한다.

물론 개념 공부를 할 때는 학원이 도움이 된다. 개념에도 기본 개념이 있고 실전 개념이 있는데, 교과서에서 나온 개념을 기본 개념, 한 걸음 더 깊이 들어간 개념을 실전 개념이라 한다. 미분의 경우 교과서에는 기본 개념만 소개되지만 합성함수의 미분 가능성, 곱꼴의 미분 가능성 등과 같은 실전 개념 역시 평가원 문제에 반복적으로 등장한다. 이러한 실전 개념은 학원의 도움을 받으면 좀 더 수월하게 이해할 수 있다. 하지만 이때에도 개념을 이해한 뒤에는 무조건 혼자 학습하고 연습하는 과정을 거쳐야만 점수를 올릴 수 있다.

혼자 연습하는 시간이 실력을 만든다

프로 골프선수에게 시합까지 남은 시간 동안 연습과 레슨 중 무엇을 할지 물어본다면 백이면 백 모두 다 연습을 선택할 것이다. 시합에서 우승하는 가장 좋은 방법이 연습이기 때문이다. 수능을 앞둔 학생 역시 수능을 잘 보기 위해서는 연습을 선택해야 한다. 그래야 우승을 노릴 수 있다.

공부가 됐든 운동이 됐든 분야를 막론하고 실력을 쌓으려면 반드시 연습을 해야 한다. 너무 당연한 진리임에도 이상하게도 공부에서만큼은, 그중에서도 수학만은 연습이 아닌 레슨, 즉 학원에 다니는 것만으로 모든 문제가 해결되리라고 생각하는 사람이 너무 많다. 왜 수학만 학원에 비법이 존재한다고 생각할까? 피아노를 잘 치려면 연습실에서 피아노를 꾸준히 연습해야 하고, 축구를 잘하려면 운동장에서 땀 흘리며 공을 차야 한다. 수학도 똑같다.

그런데 안타깝게도 수학을 연습하는 학생은 거의 없다. 학부모도 마찬가지다. 학부모들이 흔히 하는 오해가 있다.

"우리 애는 4점짜리 문제에 좀 약해요. 아직 상위권 학원을 안 가봤거든요."

손흥민이 상위권 과정을 가르치는 학원을 다녔기 때문에 축구를 잘하는 것일까? 결코 아니라는 것을 모두가 알고 있다. 물론 축구의 기본기를 익히기 위해서는 당연히 축구 교실이나 선생님의 가르침이 필요하다. 하지만 기본기를 다진 후부터는 오직 연습만이 실력을 올릴 방법이다,

이렇게 꾸준히 연습한 학생에게는 충분한 시간이 주어지기만 한다면 만점은 당연히 얻을 수 있겠다는 확신이 드는 때가 온다. 물론 거기까지 가는 과정은 결코 쉽지 않다. 아주 힘들 것이 당연하다. 그 수준으로 올라가기 전까지 정말 많은 고민이 따라야 하기 때문이다. 하지만 일단 그 단계에 도달하면 그다음부터는 문제 푸는 시간을 단축하는 과정에만 돌입하면 된다.

탄탄한 개념과 피나는 연습이 합쳐져야 고득점에 진입할 수 있다. 그리고 그 실력과 시간은 절대 배신하지 않는다. 연습에는 장사가 없다. 완벽한 개념과 피나는 연습만이 만점을 만든다.

쫄지 말자,
수학은 기세다!

★ ★ ★ ★ ★

시험이 떨리는 건 연습이 부족하기 때문이다

　연우는 수학을 좋아하고 공부도 열심히 한다. 보통 친구들은 시험 준비를 2주 전부터 시작하는데 연우는 한 달 전부터 준비할 정도다. 그런데 웬걸, 이렇게 좋아하고 열심히 공부하는 데도 수학 성적은 다른 과목에 비해 현저히 낮다. 수학 성적이 잘 나오지 않으니 자신이 정말 수학을 좋아하는 것인지 스스로 의심스러울 정도다.

　그래서인지 수학 시험을 볼 때마다 스트레스에 시달린다. 열심히 준비했지만 이번에도 성적이 따라주지 않을까 불안해서 시험 전에는 스트레스성 복통까지 겪는다. 한 번이라도 성공 경험이 있으면 그 기억을 연료 삼아 계속 노력할 수 있을 것 같은데, 성공하지 못한 데서 오는 불안과 긴장이 연우를 괴롭힌다.

연우의 오답은 시험지 뒤쪽에 몰려 있다. 시간에 쫓겨 긴장한 탓에 아는 문제도 틀리는 경우가 태반이다. 실제로 집에 와서 시험 문제를 다시 풀어보면 빠른 속도로 정답을 맞히는 경우가 많다. 시험을 잘 봐야 한다는 압박에 시달리다 보니 긴장하고 떨려서 제 실력을 발휘하지 못한 탓이다. 성적이 떨어지면서 불안감도 더 커졌다. 시험지를 받으면 손이 떨릴 정도다. 시험 공포증 때문에 아는 것도 쓰지 못하고 오답만 체크한 채 나오는 상황이 반복된다.

수학 기초가 부족한 학생들은 수학 문제를 마주하는 것 자체가 두렵다. 한마디로 수학에 잔뜩 쫄아 있다.

승제쌤

"너무 잘하려고 하고 긴장하면 자기 실력을 발휘하기도 힘들어요. 때로는 힘을 뺄 필요가 있습니다."

대체 어떻게 하면 시험 때 불안감을 없앨 수 있을까? 답은 하나, 연습을 많이 해야 한다. 시험 때 많이 긴장하고 떠는 이유가 단지 성격 때문이라고 보기는 힘들다. 많은 경우 연습이 부족할수록 떨리게 마련이다. 누구나 그렇다. 수학을 잘하는 학생이라고 해서 불안해지지 않는 건 아니지만 연습과 실력이 부족하면 더 불안해지는 것도 사실이다. 실력은 없는데 잘하려고 하니까 떨리는 것이다. 그리고 그렇게 떨고 있는 상태에서는 당연히 실력을 발휘하기 힘들다. 반대로 연습을 충분히 했다면, 아예 떨리지 않는다고 할 수는 없어도 덜 떨린다. 그래서 연습을 많이 해야 하는 것이다.

그럼 얼마나 연습해야 할까? 시험을 보기 전날 자신 있게 '할 만큼 했다'는 생각이 들어야 한다. 더 했어야 하는데 하는 아쉬움이 없어야 한다는 말이다. 그 정도로 연습하면 실전에서 시험지를 마주하고 떨리더라도 나도 모르는 새 손이 자동으로 움직이며 문제를 풀어낸다. 결국 반복된 연습만이 실력을 올릴 수 있다.

빨리 안 풀리는 문제는 일단 제쳐두자

아무리 연습을 했어도 일단 시험지를 받으면 30번까지 시간 내에 모두 풀 수 있을지 조급함이 밀려온다. 그러면 자연히 긴장되면서 아는 문제도 제대로 풀지 못하는 경우도 생긴다. 이때는 우선 마음을 가다듬고 상대적으로 난도가 낮은 2~3점짜리 문제를 빠르게 풀어나가자. 그렇게 마지막 30번까지 문제를 체크하는 것이다.

그 과정에서 4점짜리 문제 중 어려워 보이는 것은 일단 표시해 두고 넘어가자. 그중 다섯 개 정도는 문제를 읽자마자 도대체 어떻게 풀어야 할지 감도 오지 않는 고난도 문제일 수 있다. 우선 처음부터 끝까지 훑어가며 그 막막함을 느끼자. 처음부터 4점짜리 문제 13개를 모두 다 풀겠다는 생각을 하는 대신 '공부한 문제만 제대로 풀자'라고 마음먹으면 어느새 긴장이 조금 풀릴 것이다. 그렇게 하나씩 문제를 해결한 뒤 남아 있는 4점짜리 문제 중 많이 연습해 눈에 익은 유형부터 천천히 풀어나가자.

유난히 긴장을 많이 하는 학생일수록 마인드 컨트롤이 중요하다. 빨리, 쉽게 풀 수 있는 문제부터 하나씩 차근차근 풀어나가며 마음이 안정되었을 때 가장 어려운 다섯 문제에 다시 도전하면 의외로 쉽게 풀릴 수 있다.

간혹 모르는 문제는 우선 넘어가라는 조언을 하면 모든 문제를 다 모르겠다고 질문하는 학생이 꼭 있다. 분명히 말하는데, 본인이 그런 상태라면 공부가 부족하다는 것이다. 시험을 볼 때 스스로 마인드 컨트롤을 시도하는 것도 공부를 열심히 한 학생에게 적용되는 조언이다.

모르는 문제는 우선 체크해 두고 넘어가라는 정확한 의미는 빨리 풀리지 않는 문제에 처음부터 너무 많은 시간을 할애하지 말라는 뜻이다. 수학을 제대로 공부했고 혼자 끙끙대며 문제 푸는 연습을 충분히 한 학생이라면 시험에 나온 문제를 풀지 못할 리가 없다. 그저 아직 실마리를 발견하지 못했을 뿐이다. 그러니 따로 체크해 두었다가 빠르고 수월하게 풀 수 있는 문제를 모두 해결한 다음, 여유를 가지고 문제의 실마리만 찾아보자는 마음으로 다시 도전하면 된다. 그런 상태라면 문제를 수월하게 풀 가능성이 더욱 높아진다.

시험 공포증 극복하기

① 시험지를 받자마자 제일 어려운 다섯 문제를 체크하라.

그렇게 표시한 문제들은 아예 보지도 말고, 이미 잘 알고 빠르게 풀 수 있는 나머지 문제부터 최선을 다해 풀어라. 공부한 부분이라도 확실하게 맞히자.

② 빨리 안 풀리는 문제는 일단 넘어가라.

보통 문제 풀이에서 막히면 당황해서 시험을 망치는 경우가 많다. 순서 상관없이 쉬운 문제부터 풀자.

③ 2~3점짜리를 다 푼 다음 어려운 문제를 다시 보자.

연습을 충분히 했다면 시험은 기세다. 너무 잘하려는 마음보다 몇 문제만 풀겠다는 편안한 마음을 가지자.

>>> **4장**

정식쌤,
영어 완벽 정복을 위한
만점 습관을 알려주세요!

문해력이라는 바탕 위에
기본기가 쌓일 때 완벽해진다

영어 학습의 기본

영어도 결국
언어임을 명심하라

해석은 되는데 이해가 안 된다? 그건 문해력 부족이야

★ ★ ★ ★ ★

영어를 못하는 이유는 글을 이해하지 못하기 때문이다

"해설지를 봐도 무슨 말을 하는지 모르겠어요."

"지문을 다 읽고 해석했는데 내용이 이해가 안 돼요."

영어 공부를 하다 보면 의외로 많은 학생이 이러한 고민을 토로한다. 아이들이 고민을 하는 이유가 단순히 영어 실력이 부족하기 때문일까? 이들의 진짜 문제점은 무엇이고 이를 해결하기 위한 방법은 무엇일까?

사실 이러한 고민에 괴로워하는 학생이 공통적으로 가지는 문제점은 바로 문해력 부족이다. 문해력이 부족하면 아무리 많은 영어 단어를 알고, 아무리 정확히 영어 문법을 파악하고 있다 해도 그 글이 무슨 이야기를 하는지 이해하기 어렵다. 다양한 이야기가 여러 방식으로 얽혀 있는 이야기의 구조를 스스로 해체하고 파악하는 힘이 부족하기 때문이다.

문장 사이의 관계를 알 수 없으니 도대체 무슨 말을 하고 있는지 알 수 없고, 당연히 문제를 맞히기도 어렵다. 이런 상태에서는 아무리 기계적으로 단어를 암기하고 문제를 풀어도 영어 실력이 쉽게 늘지 않는다.

결국 영어 지문을 해석하지 못하는 진짜 이유는 글을 이해하는 능력 자체가 부족하기 때문이다. 영어 지문의 독해력을 높이기 위해서는 독서의 경험을 늘려 문해력을 탄탄하게 쌓아야 한다. 따라서 영어 문해력 역시 국어 문해력과 긴밀하게 연결되어 있음을 명심하자.

영어를 잘하려면 독서를 하라

영어를 공부하며 간과하지 말아야 할 정말 중요한 사실이 있다.

영어 역시 언어라는 점이다. 그러니 영어를 잘하기 위해서는 기본적인 독해력을 갖추어야 한다. 기본적으로 언어를 이해하는 능력이 기반이 되어야 한다는 의미다.

실제로 수능 영어에서 안정적으로 만점을 받는 학생들은 어려서부터 책을 많이 읽었다는 공통점이 있다. 문해력이 바탕이 되면 중학교 때 공부가 다소 미흡했더라도 고등학생이 되어 본격적으로 수능 영어 공부를 시작하면 성적이 말 그대로 폭발적으로 오른다. 반면 문해력이 받쳐주지 않으면 아무리 어려서부터 선행을 했더라도 실력 향상에 한계가 있다. 마치 부실 공사를 한 것처럼 허무하게 무너지기 쉽다.

아무리 열심히 공부해도 학년이 올라갈수록 영어 성적이 떨어지는 아이들을 살펴보면 대부분 본인이 어느 정도 수준의 글을 이해할 수 있는지 자신의 독해 수준에 대한 판단이 미흡한 경우가 많다. 이 역시 독서량이 부족하기 때문이다.

이를 해결하기 위해서는 어렸을 때부터 이야기의 구성이 복잡한 글을 많이 읽는 게 좋다. 즉 스스로 정보를 처리하는 과정이 필요한 글을 읽는 것이다. 초등학교 시기에 《그리스 로마 신화》나 《삼국지》같이 많은 등장인물이 등장하고, 그 인물들이 엮여 여러 사건을 해결하는 이야기를 읽으면 문해력을 기르는 데 도움이 된다.

사실 수능에서 출제되는 영어 지문은 기초적인 사회 지식을 바탕으로 충분히 이해할 수 있는 수준이다. 문제는 고3이 되어서도 지문에서 제공한 정보를 조합하고 해결하지 못하는 학생이 많다는 점이다. 당연히 문해력은 단시간에 기를 수 있는 종류의 것이 아니고, 특히 고등학교에 진학한 뒤에는 입시 준비로 문해력을 기를 수 있는 훈련 시간이 절대적으로 부족하다. 그러니 어렸을 때부터 꾸준한 독서와 연습으로 독해력을 향상시키는 데 최선을 다하자.

만약 이미 고등학교에 진학한 상태이고, 따라서 책을 읽으며 문해력을 기르는 데 한계가 있다면 지금부터라도 압축적으로 쓰인 글을 읽는 경험을 늘려야 한다. 고등학교 1~2학년이라면 아직 여유가 있기 때문에 한글로 쓰인 설명문을 많이 읽는 게 좋다.

부모님 중 문해력을 기르기 위해 신문 사설 읽기를 추천하는 경우도 있는데, 정보 처리력을 기르기 위해서는 논설문보다 설명문을 많이 읽는 게 더 도움이 된다. 네이버와 같은 포털사이트에서 칼럼을 검색하면 수능의 비문학 지문과 비슷한 형태의 칼럼들을 많이 찾을 수 있으니 이러한 글들을 꾸준히 읽어보자.

영어에
선행이란 없다

★ ★ ★ ★ ★

수능 영어를 중학교 때 미리 한다?

대치동에 떠도는 말 중 '수능 영어는 중학교 때 모든 준비를 마치고 고등학교에 진학해야 한다'라는 말이 있다. 영어는 미리 공부해 놔야 고등학교에 들어간 다음 다른 과목에 집중할 수 있다는 믿음에서 비롯된 말이다. 그런데 사실 이는 틀렸다. 아니, 사실상 불가능하다.

학부모들에게 언제 우리 아이 영어 실력이 가장 뛰어났느냐는 질문을 하면 대부분 중학교 3학년 때라는 대답을 내놓는다. 매우 홍미로운 지점이 아닐 수 없는데, 이는 실제로 중학교 3학년인 학생이 수능 기출문제를 풀고 그 유형에 맞춰서 공부하는 경우가 정말 많기 때문이다.

그런데 바로 여기서 부모님들의 그릇된 믿음이 시작된다. 아직 중3임에도 벌써 수능 문제를 푼다니 엄마들은 당연히 아이의 영어 실력이 매우 뛰어나다고 믿는다. 그리고 앞으로 영어 점수는 걱정할 필요가 없다고 생각한다. 하지만 이때의 영어 점수는 수능 성적과 별 관계가 없다. 게다가 고등학교에 진학한 뒤 마주한 현실은 기대와는 너무나 다르다.

많은 학생이 중학교 3학년까지는 전체 학습 시간 중 많은 부분을 영어 공부에 할애한다. 실제로 초등학생, 중학생이 제일 많이 공부하는 과목이 수학과 영어다. 그래서 중학생 시절에는 영어 성적이 높을 수밖에 없다.

하지만 학습에는 분명 시간의 한계가 존재한다. 모두가 동일하게 주어진 24시간을 쪼개서 과목별 학습을 계획해야 한다. 특히 고등학교에 진학한 뒤에는 상황이 많이 달라진다. 수능과 내신을 대비한 여러 과목을 고르게 준비하려다 보면 중학교 때와는 다르게 영어를 학습하는 절대 시간이 줄어들 수밖에 없다. 당연히 시간이 지날수록 학습량이 줄어든 만큼 성적이 떨어진다. '중학교 때 수능 영어를 미리 끝낸다'라는 개념이 허상인 이유다.

꾸준히 학습하지 않으면 녹슬기 마련

명심해야 할 점이 있다. 앞서 말한 것처럼 영어 역시 언어라는 사실이다. 언어란 것은 조금만 사용하지 않아도 쉽게 감이 떨어지고, 감이 떨어지면 점수도 순식간에 떨어진다. 그래서 중학교 3학년까지 무난하게 수능 영어 1등급을 받던 학생도 고등학교 3학년 6월 모의고사에서는 3등급을 받는 경우가 왕왕 있다.

내신은 더하다. 절대평가인 중학교 내신에서 90점 이상 1등급을 받는 학생의 비율은 평균적으로 전교생의 30%인데, 이를 현행 9등급 상대평가로 환산하면 4등급 초반대까지의 점수다. 당연히 고등학교에 진학해서 내신이 하락할 수밖에 없다.

게다가 영어에는 선행이라는 개념이 없다. 언어의 특성상 고등학교 1학년 때 배우는 것과 2학년 때 배우는 것, 3학년 때 배우는 내용이 단계별로 나뉘지 않는다. 또 앞서 지적했듯 영어를 잘하기 위해서는 기본적으로 문해력이 필요한데, 아무리 영어를 잘하는 학생이라도 일반적인 중학생이 가진 지식과 경험으로는 수능 영어의 지문을 온전히 이해하는 데 한계가 있을 수밖에 없다.

물론 지문의 내용을 이해하지 못해도 요령을 통해 정답은 맞힐 수 있다. 실제로 영어 선행 수업을 진행하는 학원에서는 문제를 푸는 요령과 기술을 중심으로 가르친다. 하지만 기초가 부실한 채로 문제를 맞혀봤자 이는 진짜 실력도 아니고 오래갈 수도 없으며, 오히려 부실한 기초로 인해 한번 무너지기 시작하면 걷잡을 수 없다. 그러니 차라리 무리해서 진도를 빼기보다는 단단한 영어 기초를 다지는 편이 더 낫다.

중학교 때 고등학교 과정의 영어 공부를 미리 끝내겠다는 것은 애초에 불가능하다. 그리고 그렇게 해서도 안 된다. 영어라는 언어의 감을 잃지 않도록 꾸준히 학습하는 것이 중요하다는 점을 잊지 말자.

내 실력을 정확히 파악하는 것이 우선이다

★ ★ ★ ★ ★

나에게 맞는 학습 수준 파악하기

어떤 과목을 공부하든 나의 현재 실력과 수준을 파악하고 이에 맞는 학습을 이어가는 것이 기본이다. 그래야 실력 향상을 이끌 수 있다. 당연히 영어 공부도 마찬가지다. 나에게 적합한 수준의 수업을 듣고 적절한 난이도의 지문을 공부할 때 실력을 키울 수 있다. 나의 수준에 비해 지나치게 어려운 학습에 매달리는 것은 아직 덧셈도 제대로 할 줄 모르는 아이에게 미적분 문제를 풀게 하는 것과 마찬가지다.

그런데 영어 실력을 쌓고자 학원에 다니는 상당수 학생이 자기 수준에 맞지 않는, 너무 어려운 수업을 듣는다. 해석조차 할 수 없는 높은 수준의 지문을 다루고 혼자서 처리하기 어려울 만큼 많은 양의 숙제에 시달린다. 이 때문에 정작 진짜 실력을 쌓아줄 공부에는 점점 소홀해진다. 이런 상황에서는 영어 실력, 성적 상승도 기대할 수 없다. 소중한 학습 시간과 나의 노력을 그저 낭비하는 꼴이다.

어떤 과목이든 학원을 다니는 이유는 더 효율적으로 공부하기 위해서다. 똑같은 한 시간을 공부할 때 혼자서 하는 것보다 학원 수업을 듣는 것이 훨씬 더 얻는 게 많을 때 비로소 학원에 다니는 의미가 있다.

학원에 다닐 때도 반드시 확인해야 할 것이 있으니, 학원 수업의 난이도와 수준이 나의 현 상태에 적절한지 여부다. 반복해서 말하지만, 나의 수준에 맞는 수업을 들을 때 나에게 필요한 가르침을 얻을 수 있다. 특히 요즘에는 인터넷 강의가 너무나 잘 발달되어 있고, 다양한 수준에 맞추어 여러 강의가 제작된다. 난다 긴다 하는 강사의 유명한 대치동 강의도 얼마든지 집에서 접근 가능하다. 그러니 만약 현재 학원 수업이 본인의 학습 수준과 맞지 않는다면 굳이 학원을 고집할 필요가 없다. 차라리 나에게 맞는 인터넷 강의를 수강하는 편이 더 효과적일 수 있으니 참고하자.

영어 학원의 레벨 테스트에 집착하지 마라

중3 명호는 영어의 기본이 매우 부족하다. 고등학교 진학을 앞두고 영어 공부를 시작하겠다 작심한 명호는 엄마와 함께 영어 학원을 방문했다. 그런데 학원에서 마주한 레벨 테스트 결과는 참담했다. 초등학교 고학년 학생보다 못한 수준이라는 진단을 받았다. 심지어 명호에게 맞는 낮은 레벨의 수업이 없어서 등록이 불가능하다는 얘기도 들었다. 짐작은 했지만 엄마도 명호도 실망을 감추지 못했고 속도 상했다. 정말 명호에게 희망은 없는 걸까?

열심히 공부하려고 학원을 방문했다가 등록도 하기 전 기대에 미치지 못하는 레벨 테스트 결과에 좌절하는 친구들이 꽤 많다. 물론 성적을 올리기 위한 첫 단계가 현재 자신의 수준을 직시하고 받아들이는 것임은 분명하다. 더군다나 명호처럼 학습 공백이 있는 경우에는 자기 수준과 맞지 않는 학원 수업을 들어봤자 아무런 도움을 얻을 수 없다. 하지만 이와는 별개로 영어 학원의 레벨 테스트가 정말 어떤 의미를 갖는지는 반드시 짚고 넘어가야 한다.

학원이라는 곳은 학교와 달리 아이들의 성적이라는 결과 자체를 집중적으로 관리하는 곳이다. 당연히 학원의 흥행과 유명세를 중요하게 여길 수밖에 없고, 이를 위해서는 좋은 성적을 받을 가능성이 높은 학생을 우선 확보하고자 한다. 그래서 많은 학원이 학년에 맞지 않는, 매우 어려운 수준의 문제를 레벨 테스트에 활용한다. 뛰어난 아이라면 무리 없이 레벨 테스트를 통과해 학원 등록까지 이어질 것이고, 그렇지 않은 학생은 좋은 점수를 받지 못하니 자연스레 등록에 어려움을 겪기 때문이다.

문제는 너무나 많은 학생과 학부모가 이러한 테스트 결과에 불안감을 느낀다는 점이다. 학원에 다니는 모든 아이들이 그토록 어려운 시험을 통과했을 만큼 수준 높다고 착각한다. 그리고 당장에라도 따라잡아야 할 것 같은 압박감을 느끼며 무리해서라도 학원을 등록하려 애쓰게 된다.

하지만 학원의 레벨 테스트는 학원에서 만든 시험이다. 학원의 필요에 따라 제작된 것이기에 결코 우리 아이의 실력을 평가할 절대적인 기준이 될 수 없다. 아무런 영어 기초가 없는 학생에게 영작 문제를 출제하는 것이 학원의 레벨 테스트다. 영어를 제대로 해석하지도 못하는 아이에게 왜 영작이 필요할까? 학교의 내신 시험에도 작문은 출제되지 않고, 심지어 수능 시험에 주관식 문제는 등장하지 않는다. 아이의 진로나 목표, 수준에 맞지 않는 테스트는 아무 의미가 없다.

초등학교 1, 2학년 때 했던 받아쓰기 성적을 기억하는 사람은 아무도 없다. 학원의 레벨 테스트는 그 받아쓰기 시험보다 의미 없다. 조금 과장하면, 학원의 레벨 테스트란 학원의 필요에 따라 테스트를 보는 아이의 기를 죽일 수도, 살릴 수도 있는 시험이다. 학원이 설정하는 기준에 부합하지 못했다고 해서 너무 큰 의미를 부여할 필요는 없다는 얘기다.

학원의 레벨 테스트보다 중요한 것은 그 결과에 휘둘리지 않고 정말로 나의 수준이 어디에 속하는지 명확하게 파악하는 것이다. 내 수준에 맞는 교재나 수업을 통해 내게 부족한 부분을 채우면 성적은 당연히 오른다.

학원 레벨 테스트에 휘둘리지 않는 자기 수준 진단법

그렇다면 지금 내가 하고 있는 공부가 나의 수준에 맞는지 어떻게 판단해야 할까? 아래 내 수준에 맞는 영어 학습 레벨을 알아볼 수 있는 기준을 소개한다. 이 기준을 통해 현재 나의 학습 수준을 정확히 파악해 보자.

나의 수준에 맞는 영어 학습 레벨 판단법

나의 수준에 맞는 올바른 공부를 해야 영어 실력도 끌어올릴 수 있다. 아래 내용을 통해 내 영어 학습 수준을 명확히 판단해 보자.

① 한 지문에 모르는 단어가 5~7개

어려워도 스트레스를 받으며 문제를 풀 가치가 있다. '97 대 3의 법칙'이 있다. 100단어로 이루어진 지문에서 모르는 단어가 3개 있어도 나머지 97개 단어의 뜻을 알면 지문 내용을 이해할 수 있다는 의미다. 보통 수능 지문의 단어 수는 140~160개이므로 7개 단어 정도는 잘 모르는 상태여도 덤벼들 만하다. 혼자 공부한다면 기준을 더 낮게 잡아야겠지만 학교보다 쉽게 도움을 받을 수 있는 학원 숙제라면 모르는 단어 7개까지는 문제 풀기에 도전해 보자.

② 한 지문에 모르는 단어가 8개 이상

내 수준을 과도하게 넘은 것으로 안 보느니만 못하다. 학습의 의미가 없으니 당장 본인의 수준을 찾아갈 것.

다시 한번 강조하지만 본인의 수준을 파악하고, 그에 맞는 학습을 해야 실력은 물론 성적 향상도 기대할 수 있음을 명심하자.

문제집
똑똑하게 풀기

★ ★ ★ ★ ★

해설지를 보지 말아야 하는 이유

혼자 공부를 하며 영어 지문이 잘 해석되지 않을 때 곧바로 한글로 번역된 해설지를 펼치는 학생이 의외로 많다. 중하위권 학생들이 자주 저지르는 실수다. 한글 해설을 통해 지문의 내용을 먼저 파악한 다음 다시 영어 지문을 해석하는 것이다. 이런 학생들은 지문에 모르는 단어가 등장했을 때 단어 뜻을 찾고 단어 아래 그 뜻을 적어두기도 한다.

그런데 이런 공부법은 완전히 잘못된 것이다. 물론 내신 공부에서 지문의 내용을 파악하는 것이 중요한 건 맞다. 하지만 이때도 한글 해설만 보는 것은 무의미하다. 일단 해설지를 본 다음에는 '아, 이런 뜻이구나' 생각하고 모두 이해했다고 착각하기 쉽지만 이렇게 해서는 결코 실력이 늘지 않는다. 본인의 해석이 아닌 탓이다. 따라서 지문을 해석할 때는 해설지를 보지 않고 스스로 지문 속 문장을 끊어 읽으며 구조를 파악한 뒤, 문장의 의미를 해석하는 연습을 해야 한다.

사실 해설지에 쓰인 해석은 지문에 쓰인 단어의 뜻을 한글 문법에 맞춰 옮겨 적은 것일 뿐이다. 조금 더 친절하다면 정답이 무엇인지, 왜 그것이 정답인지만 간략하게 설명해 놓는 정도다. 그래서 학생들이 아무리 열심히 해설지를 읽어도 원문의 구조를 파악하기 어렵다. 구문 파악이 불가능하니 당연히 내 해석 실력을 쌓는 데 도움을 얻기도 쉽지 않다. 해설지부터 펴는 행위가 무의미한 이유다.

특히 고등학교 문제 중에는 오히려 한글로 번역해 둔 해설의 의미를 파악하기가 더 어려운 경우도 많다. 영어를 영어로 이해하는 연습을 하지 않고 한국어로 의역해 정리해 둔 한글 해설지를 읽는 것은, 다시 말하지만 내 해석 능력을 높이고 훈련하는 데 도움이 되지 않는다.

좋은 문제집을 고르는 법

그래도 스스로 공부하며 해설지를 통해 도움을 얻고 싶다면, 가능한 한 '왜 그렇게 읽어야 하는지'가 적힌 해설지를 고르라. 그리고 그 내용을 통해 내가 글을 제대로 이해했는지 확인하는 방식으로 해설지를 활용하라. 문제집을 고를 때 문제와 지문의 난도가 나의 수준과 맞는지 확인함과 동시에, 해설지가 어떻게 구성되어 있는지도 참고해야 한다. 지문이나 문제의 질은 학생이 평가하기 어렵지만 해설지의 형태는 비교적 쉽게 파악할 수 있으니 놓치지 말고 체크하자.

가장 좋은 해설지란 지문을 해석만 해둔 것이 아니라, 지문의 내용을 설명해 놓은 것이다. 수능에 출제된 알랭 드 보통의 책《여행의 기술》문제를 예로 들어 보겠다.

Journeys are the midwives of thought. Few places are more conducive to internal conversations than a moving plane, ship, or train.

여행은 생각의 산파(産婆)이다. 움직이는 비행기, 배 혹은 기차보다 내면적인 대화에 더 도움이 되는 장소는 거의 없다.

지문 속 두 개의 문장은 어떤 논리적 연관성을 가질까? '움직이는 비행기, 배 혹은 기차'는 앞 문장의 '여행'을 의미하는 또 다른 표현이다. 그리고 '내면적인 대화'는 앞 문장의 '생각'을 뜻한다. 해석을 보면 금방 이해할 수 있다. 그런데 막상 영어 지문을 혼자서 분석할 때 단어 사이의 연관성을 찾기란 쉽지 않다. 이때 참고할 수 있는 올바른 해설이란 앞의 설명처럼 문장과 문장 사이의 관계를 이어주는 형태의 것이다.

만약 이런 해설지를 찾지 못한다면 차선책으로 문장을 끊어 읽는 데 도움을 얻을 수 있는 해설지도 좋다. 한국어로 된 해설을 영어 어순에 맞게 써놓은 형태다. [내면적인 대화에 더 도움이 되는 장소는 거의 없다/비행기, 배 혹은 기차보다]라는 식으로 영어의 어순에 따라 끊어 읽을 수 있도록 소개되어 있다면 영어 문장의 구조를 파악하기 훨씬 수월하다.

만약 이런 해설지도 찾기 힘들다면 지문 전체의 내용을 요약해

놓은 해설지를 택하자. 대신 글의 주제를 제대로 설명해 놓은 해설이어야 한다. 앞서 소개한 지문의 주제를 단순히 '여행과 생각의 관계'라고만 적어놓은 것이 아니라 '여행이 생각에 도움을 준다'라고 좀 더 구체적인 메시지를 적은 해설지를 선택해야 한다는 것이다.

영어 문제집을 고를 때는 이처럼 해설지와 지문의 난도를 모두 고려해야 한다. 나에게 어려운 문제집을 잘못 선택한 뒤 문제를 해결하지 못해 해설지만 보고 있다면 이는 소중한 시간만 낭비하는 일일 뿐이다. 내 수준에 맞고 좋은 해설지가 포함된 문제집을 찾아서 최대 효율을 뽑아보자.

내 약점을 알아야
강해진다

★ ★ ★ ★ ★

내 공부 구멍을 찾아라

톨스토이의 소설 《안나 카레니나》의 도입부에는 이런 말이 나온다.

"행복한 가정은 모두 비슷하게 행복하고, 불행한 가정은 저마다의 이유로 불행하다."

공부도 비슷하다. 기본이 없는 학생들 모두 저마다 제각각의 학습 구멍을 갖고 있다. 학습 수준 역시 천차만별이기 때문에 한 가지 학습 방식을 적용하기가 어렵다. 오히려 상위권 학생일수록 해야 할 공부가 명확해진다. 영어라는 과목은 수학처럼 '이 내용이 바탕이 되었을 때 다음 내용을 알 수 있다'라는 식으로 공부 단계가 정해져 있지 않기 때문이다.

그런데 이 이야기는 우리의 학습 마인드에도 적용할 수 있다. 고루하고 때론 비효율적으로 보일지도 모르지만 공부를 잘하고 성적을 올릴 수 있는 방법은 매우 간단하며 또 유일하다. 내 수준을 정확히 파악한 다음, 모자란 부분을 채우는 것이다.

최상위권 학생들은 공부를 할 때 잔머리를 굴리지 않고 이 방식을 그대로 따른다. 반면 공부를 잘하지 못하는 학생들은 저마다의 이유가 참 많다. 방법은 알지만 이래서 못하고 저래서 못한다, 성적이 낮은 학생들은 기본적으로 학습량과 기초가 부실하다, 본인이 모르는 상태라는 것 자체를 모른다, 공부를 한 경험이 적기 때문에 메타인지 또한 부족하다 등등. 하지만 어떤 과목이든 성적을 올리기 위해서는 나의 구멍을 찾고, 그 구멍을 성실히 메꾸는 작업부터 해야 한다. 지금부터 자신의 학습 수준을 파악할 수 있는 방법을 안내한다.

중학생이라면 학년별 교과서를 이용하는 것이 가장 정확하다. 자신의 학년에 맞는 영어 교과서를 펼치고, 아무 문장이나 고른 뒤 그 문장을 정확히 해석할 수 있는지 확인하라. 문맥에 상관없이 그 문장을 명확하게 해석할 수 있는가?

지문 전체가 아니라 문장 하나를 뽑아 해석하라는 데는 이유가 있다. 지문 전체를 살피면 문장을 정확히 해석하지 못한 상태에서도 앞뒤 문맥을 통해 뜻을 유추할 수 있기 때문이다. 이 방법으로는 내 현재 영어 학습 수준이 어느 정도인지 정확히 파악하기 힘들다.

고등학생이라면 동일한 방식으로, 다만 모의고사 지문을 활용하라. 고등학교 교과서 내 지문 수준이 모의고사보다 더 쉬운 경향이 있기 때문이다. 모의고사 지문 속 문장을 무작위로 선정해 해석했을 때 유념해야 할 것은 내가 그 내용을 '제대로 이해하고 있는지'를 파악해야 한다는 점이다. 문제의 정답을 찾는 능력보다 지문을 이해하는 능력이 어느 정도인지를 알아야 정확한 내 학습 수준도 알 수 있다.

오답을 모으고 분석하라

공부에서 매우 중요한 과정 중 하나는 오답 정리다. 실제로 모의고사를 엄청나게 많이 푸는데 성적이 오르지 않아 고민하던 학생의 문제점이 무엇인지 파악하기 위해 학습 습관을 살펴보니 이 학생은 시험지를 모두 풀고 난 다음 다시 살피지 않고 죄다 버려버린다는 사실이 드러났다. 그런데 이처럼 정답만 확인한 후 시험지를 곧바로 버리면 내 약점이 무엇인지 점검하고 파악할 수 있는 방법이 전혀 없다.

시험지가 쌓이고, 내가 푼 문제들이 쌓였을 때 다시 한번 검토하는 과정은 실력 향상을 위해 매우 중요한 단계다. 내가 이 문제를 왜 틀렸으며 이를 위한 해결 방안은 무엇인지 지나간 시험지를 보며 파악하는 과정을 통해 구멍이 채워지고 실력이 쌓이기 때문이다.

다시 한번 말하지만 내가 푼 문제들은 나의 수준을 알려주는 아주 훌륭한 자료다. 틀린 문제들을 한데 모아 살펴보면 내가 약한 부분이 지문의 소재인지, 어휘인지, 문제 유형인지 알 수 있다. 만약 시제와 전치사 문제를 자주 틀린다면 바로 그 부분이 나의 약점이니 그 부분을 신경 써 공부하는 것이다.

이렇게 약점을 찾고, 그 부분을 보완해 주는 공부를 꾸준히 하고, 시험에서 그러한 문제 유형을 마주했을 때 더 주의를 기울이면 다음에는 같은 실수를 반복하지 않을 수 있다. 반면 나의 약점이 어디인지 파악하지 못한 상태라면 비슷한 유형의 문제가 출제되었을 때 계속 틀릴 수밖에 없다. 틀린 문제를 또 틀리는 건 오답 복습을 하지 않기 때문임을 명심하라.

피드포워드로 약점을 파악하라

오답 정리가 어느 정도 익숙해지면 한 걸음 더 나아가 나의 약점을 모아놓은 '영어 약점 노트'를 만들어보자. 내가 그 문제를 왜 틀렸는지, 정답은 무엇이고 어떻게 풀어야 하는지를 설명하는 나만의 노트를 만드는 것이다. 이 작업을 반복하다 보면 틀린 문제의 지문과 선지까지 이해할 수 있다.

내 약점을 체크하고, 그런 문제가 나왔을 때 어떻게 풀어야 하는지를 대비한 일종의 행동 강령을 만들어두는 것도 좋다. 이것을 피드포워드(feedforward)라고 한다. 우리가 흔히 말하는 피드백 (feedback)이 이미 일어난 상황에 대한 조언이라면, 피드포워드는 미래의 성과를 개선하기 위한 조언이다. 이 피드포워드를 통해 앞으로 일어날 일을 예측하고 분석함으로써 안 좋은 상황을 대비할 수 있다.

피드포워드는 특히 내신 대비에 많은 도움이 된다. 교과서 지문을 암기하다 보면 유난히 잘 외워지지 않는 구간이 있다. 그때 피드포워드 방식을 활용해 왜 그 부분을 반복해서 틀리는지 살펴보고 노트에 정리하자. 그리고 그렇게 완성한 약점 노트를 시험장에 가지고 가 시험 직전에 복습하는 것이다.

그러면 시험을 보기 전 짧은 시간 안에 내가 약한 부분을 다시 한번 점검할 수 있고, 어떤 점에 유의하며 문제를 풀어야 하는지 한 번 더 인지한 상태에서 시험을 볼 수 있다. 이를 통해 더 좋은 결과를 얻을 수 있을 것이다.

약점 노트 만들기

만약 내가 시제 문제를 반복적으로 틀린다면 나의 약점은 바로 시제다. 그럼 나는 시제를 집중적으로 공부해 구멍을 메우고, 시험에 시제 문제가 등장할 때마다 더 유의해 문제를 풀어야 한다.

더불어 시제 문제를 공부할 때는 시제는 물론이고 관련 문법, 어휘까지 정리해 약점 노트를 만들어야 한다. 이런 식으로 자신이 약한 부분의 종합 패키지를 정리해 노트를 완성하자.

고등학교 영어,
이렇게 대비하라

★ ★ ★ ★ ★

고등학교 입학 전 이것만은 하자

고등학교 입시를 준비하는 중학교 3학년은 상대적으로 내신의 부담이 적다. 덕분에 고등학교를 대비한 심도 깊은 학습이 가능한 시기이기도 하다. 그렇다면 이런 황금 같은 시기에 어떻게 영어를 공부해야 할까?

만약 이 시기에 본인의 영어 기본기를 확실히 다지고 고등학교 영어에 대비하고 싶은 학생이라면 문법 용어를 명확하게 정리할 것을 추천한다. 보통 고등학교에서는 선생님들이 문법 용어를 활용해 수업을 진행하기 때문에 미리 여러 문법 용어에 익숙해지면 수업을 따라잡기가 더 수월하다. 게다가 내신에서 절대적인 비중을 차지하는 요소가 문법인 경우도 많다. 특히 학군지에서는 내신 시험의 변별력을 위해 까다로운 문법 문제나 서술형 문법 문제를 출제하기 때문에 관련 기본기를 다져놓아야 한다.

중학교 3학년 여름방학에는 고등학교 1학년 기출 모의고사 문제를 풀어보는 것도 좋다. 고1 3월 모의고사는 중학교 과정을 얼마나 잘 학습했는지 확인하는 시험이다. 게다가 중학교 때는 모의고사를 치르지 않고 학교마다 내신 난이도도 다르기 때문에 나의 수준을 정확하게 파악하기 힘들 수 있다. 따라서 고등학교 입학 전 모의고사를 통해 나의 학습 상태를 확인하는 것이 좋다.

실제로 서로 다른 중학교에서 동일하게 100점을 받는 두 학생에게 고등학교 1학년 3월 모의고사를 풀게 했더니 한 명은 33점, 다른 한 명은 61점을 받는 경우도 있었다. 높은 내신 성적을 생각하면 상상조차 할 수 없는 점수다. 그러니 고등학교에 진학하기 전 미리 모의고사를 풀어봄으로써 내 실력이 전국에서 어느 정도인지를 알고, 본인이 부족한 점이 무엇인지 파악해 보충할 수 있는 동기부여로 삼을 수도 있다.

서울시 교육청 홈페이지에 들어가면 누구나 고1 3월, 6월 모의고사 시험지를 다운로드할 수 있다. 이를 통해 시험지에 출제된 지문을 처음부터 끝까지 완벽하게 해석하고 이해하는 연습을 해야 한다. 본인이 제대로 이해했는지 알고 싶으면 문제 풀이법이 아니라 지문을 설명해 주는 모의고사 해설 강의를 활용해 확인해 볼 수 있다.

② '학력평가자료' 클릭

③ 연도, 학년, 월 선택

※메가스터디 사이트에서 고1 3개년 3월 학력평가에 대한 조정식 선생님의 무료 해설 강의를 들을 수 있다. (https://me2.do/5ITRzWAS)

포털사이트에서 '고1 3개년 3월 학력평가 전지문 해설(2021~2023)' 검색

모의고사를 통해 고등학교 영어를 대비하고자 한다면 아래 플랜을 따라 시도해 보자. 우선 하루에 풀어야 할 모의고사 문제 수를 정한다. 그다음 문제와 지문을 살피며 모르는 단어를 체크하자. 대부분의 모의고사 기출문제집에는 단어장이 포함되기 때문에 거기에 소개된 단어와 내가 체크한 단어를 먼저 암기한다. 그다음 문제를 풀고 해설지를 통해 정답을 확인한 다음 자신의 독해와 해설지의 해석을 비교한다.

만약 시간이 부족하거나 일일이 해설지와 비교하는 시간이 아깝다면 온라인 사이트의 모의고사 해설 강의를 이용하라. EBS든 인강이든 중요한 것은 내가 제대로 글을 이해했는지 내 해석을 더블 체크하는 과정이다. 문제 풀이법을 보는 게 아니라 내용을 이해했는지 확인해야 한다. 풀이 방법보단 해석에 집중하자.

고입 대비 영어 플랜

고입 전에 고1 모의고사를 공부할 때는 이렇게 해보자.

① 하루 할당 문제 수를 정한다.

내가 풀기로 한 문제에 포함된 단어를 먼저 암기한 뒤, 문제를 푼다. 보통 고등학교 기출문제집에는 단어장이 딸려 있다. 내가 열 문제를 풀기로 했다면 열 문제에 포함된 단어를 먼저 암기한 뒤 문제를 풀어라.

② 나의 해석과 해설지를 비교한다.

문제를 풀고 해설을 확인하며 단순히 문제의 정답을 맞혔다고 넘어가면 안 된다. 내가 문장을 정확하게 읽고 이해했는지 확인해야 한다.

고등학교 영어 내신을 대비하는 법

고등학교 1~2학년 때는 적어도 영어 과목에서만큼은 내신 위주로 공부하는 편이 낫다. 대부분의 학교에서 내신 범위에 모의고사를 포함하기 때문에 내신만 대비해도 모의고사 형태의 지문까지 함께 공부할 수 있다.

게다가 2025년부터 고교 내신 평가가 5등급제로 바뀐다. 등급별 비율은 1등급(10%), 2등급(24%, 누적34%), 3등급(32%, 누적66%), 4등급(24%, 누적90%), 5등급(10%)이다. 이렇게 바뀐 등급제에서는 지금의 2등급도 1등급을 받을 수 있다. 그러니 내신 공부를 소홀히 해서는 안 된다.

내신을 준비할 때는 교과서 본문이건 부교재건 모든 본문을 암기하기를 추천한다. 특히 교과서는 대한민국 최고의 석학들이 모여서 만들어낸 훌륭한 교재다. 교과서가 유치하다고 생각하는 학생도 더러 있는데, 이렇게 좋은 교과서를 보지 않는 게 오히려 손해임을 명심하라.

많은 학생이 본문을 암기하는 방식이 촌스럽고 시대에 뒤떨어진 조언이라고 생각한다. 하지만 절대 그렇지 않다. 학습의 기본은 암기다. 특히 영어에서는 암기야말로 엄청난 효과가 있는 학습법이다. 회화도 자주 등장하는 표현을 암기하고 흉내 내는 것에서 시작된다. 다른 나라의 언어를 공부하는 데 암기만큼 좋은 건 없다. 또 암기를 통해 문장의 패턴을 자연스럽게 체득할 수 있어 문장을 해석하는 능력도 향상된다.

지문을 잘 이해했는지 확인하는 수단이 문제 풀이이므로, 문장을 이해하는 연습과 문제 풀이도 병행해야 한다. 고등학교에 진학해 모의고사에서 안정적으로 3등급을 받을 수 있는 수준이라면 그때부터는 문제 풀이에 좀 더 집중하면서 수능에 대비하자. 다만 3등급은 되어야 문제 풀이를 하는 의미가 있으니 섣불리 시도할

필요는 없다. 문해력을 쌓고, 기본기를 더 닦은 뒤 문제 풀이에 도
전하라.

실전 영어 학습

기본이 쌓이면

문제는 저절로 풀린다

영단어 암기는
반드시 예문과 함께 하라

★ ★ ★ ★ ★

지문에서 모르는 단어는 어떻게 할까?

문제집을 풀면서 지문에 모르는 단어가 등장하면 어떻게 해야 할까? 몇몇 학생은 모르는 단어가 등장할 때마다 사전을 찾아 단어 아래 뜻을 적어둔 상태에서 문제를 푼다. 하지만 이는 영어를 무작정 우리말로 바꿔서 조립하는 것에 불과하다. 영어와 우리말을 일대일로 맞추려는 시도이나 서로 다른 구조를 가진 언어가 그런 방식으로 바르게 해석될 리 없다. 당연히 지문이 뜻하는 바가 무엇인지 명확하게 파악하는 데도 문제가 발생한다.

이러한 방식에는 또 다른 문제가 있다. 단어 아래 한국어로 뜻을 적어놓으면 복습할 때 영어는 읽지 않고 한국어만 따라 읽기 쉽다. 그러면서 자신이 단어의 뜻을 안다고 착각한다. 하지만 당연히 이 상태에서는 제대로 복습도 안 될뿐더러 내용을 바르게 이해하지도 못한다. 단어를 암기할 기회도 놓친다.

만약 문제를 풀면서 모르는 단어를 정리하고 싶다면 문제집 하단이나 멀리 떨어진 여백에 적어두어야 한다. 그래야 한국어의 방해 없이 오로지 영어 지문으로만 해석하고 문제를 푸는 훈련이 가능하다.

우리가 지문 속 문장들을 해석하는 이유는 단순히 정답을 맞히거나 영어 문장을 우리말로 예쁘게 옮기기 위해서가 아니다. 궁극적으로는 영어라는 언어의 문해력을 키우기 위해서임을 명심해야 한다. 기본적으로 영어로 작성된 글을 읽고 해석하는 훈련이 되어 있다면 단어를 몇 개 모르더라도 문맥상 전체 내용을 이해하는 데 문제가 없다.

그러나 하나의 지문에서 모르는 단어가 다섯 개 이상이라면 단어 암기부터 시작해야 한다. 탄탄한 어휘력을 바탕으로 그다음 문장의 내용을 이해하는 학습을 하는 것이 옳다. 특히 하위권이라면 기본적인 단어 암기가 우선되어야 한다.

입으로 소리 내어 외워라

그럼 영어 단어는 어떻게 외우는 게 좋을까? 종종 부모님 중에는 본인의 학창 시절을 떠올리며 소위 깜지를 쓰듯 연습장이 까맣게 될 때까지 단어를 쓰며 외워야 한다고 생각하는 경우도 있다. 암기식 시험 문제에 익숙한 세대이기 때문이다. 그런데 요즘 시험에서는 단어 철자 하나하나보다는 단어의 문맥적인 의미를 파악하는 것을 더 중요하게 생각한다. 그래서 영어 단어를 눈으로만 공부한다고 해서 문제가 되는 경우는 드물다.

영어 단어를 암기할 때 더 신경 써야 할 요소는 바로 발음이다. 발음하지 않고 알파벳만 쓰면서 외우는 방식은 공부를 절반만 하는 것과 다름없다. 단어의 발음을 모르는 상태에서는 듣기 문제를 해결할 수 없기 때문이다. 아무리 단어를 열심히 외워도 발음을 모르니 듣기 시험에 그 단어가 출제되어도 문제를 풀 수 없다. 수능 영어 영역에는 총 17개 듣기 문제가 출제되는데 이 중 하나라도 오답이 발생하면 결코 상위권이 될 수 없다.

게다가 누누이 말하지만 영어 역시 하나의 언어다. 소리 내어 말할 수도 없고, 들어도 무슨 단어인지조차 파악할 수 없다면 말 그대로 반쪽짜리 공부다. 오로지 시험만을 위한 공부일 뿐이다.

이는 결코 올바른 학습 목표가 될 수 없다.

영어 단어를 암기하는 올바른 방법은 단어의 발음 기호를 정확히 확인하고 입 밖으로 그 발음을 소리 내며 암기하는 것이다. 만약 소리를 낼 수 없는 상황이라면 반드시 소리를 낼 필요는 없다. 다만 정확한 발음을 확인하며 암기해야 한다.

특히 영어 공부의 경험이 없어 단어 암기가 익숙하지 않은 친구들이 발음의 중요성을 놓치는 경우가 정말 많다. 아래 영어 단어 암기법을 소개하니 반드시 올바른 방법으로 더 효율적인 영어 단어 암기를 실천하자.

영단어 외우는 법

영어 공부를 할 때 단어를 암기하는 것은 가장 기본 단계다. 단어를 알지 못하면 지문의 해석이 불가능할 뿐만 아니라, 듣기 문제도 풀 수 없다. 아래 소개하는 올바른 단어 암기법을 통해 더 높은 영어 성적을 위한 초석을 다지자.

① 입으로 발음하면서 외워라.

단어는 입 밖으로 발음하면서 외워야 한다. 발음을 외우면 영어 철자도 더 쉽게 외울 수 있다.

② 손으로 쓰면서 철자를 외워라.

단어의 발음에 익숙해졌다면 다음 단계로 단어를 최소 다섯 번씩 쓰면서 외워야 한다. 이는 내신에 적합한 암기법이다. 수능에는 주관식이 없지만 내신에서는 서술형 문제가 출제되므로 단어의 철자를 하나하나 쓰며 철저히 암기해야 한다. 철자를 헷갈려 높은 배점의 문제를 틀리는 억울함을 방지할 수 있다.

③ 단어를 쓰면서 외울 때는 발음대로 소리 내며 끊어서 써라.

picture(사진) → pic[픽] / ture[처]

입 밖으로 소리 내는 단어의 음절에 맞게 끊어서 쓰고 외우자. 발음과 철자를 맞춰 암기하는 것이다. 이렇게 하면 발음도 철자도 더 쉽게 외워진다.

④ 단어의 뜻을 가려 제대로 암기했는지 확인해 보라.

손이나 책으로 단어 뜻을 가린 후, 영어 단어만 보고도 뜻을 곧바로 말할 수 있는지 확인하자.

⑤ 한 번에 완벽하게 외우려 하지 말고 반복 학습하라.

잘 외워지지 않는 단어는 반드시 표시해 두고 다시 봐야 한다. 모든 단어는 한 번만 봐서는 결코 오래 기억할 수 없다. 지금은 모두 기억할 것 같지만 며칠 후에 보면 절반도 떠오르지 않는다. 그러니 일정 기간을 두고 복습하며 내가 곧바로 떠올리지 못하는 단어는 표시해 두고 더욱 중점적으로 암기하자.

예문 없는 영단어는 의미가 없다

영어 단어를 암기할 때 너무나 중요하지만 대부분의 학생이 놓치는 부분이 있다. 바로, 예문을 보며 단어의 쓰임을 확인하는 과정이다. 아무리 열심히 단어를 외워도 문장이 해석되지 않으면 무용지물이다. 지문에 포함된 모든 단어를 알고 있는 상태여도 정확한 쓰임을 알지 못하면 독해하는 데 시간이 오래 걸리고 정확한 해석도 불가능하다.

undo라는 단어를 예로 들어보자. undo의 사전적 의미는 '원상태로 되돌린다'라는 뜻이다. 그렇다면 문장 속에서 undo는 어떻게 사용될까?

---

she undoes what she memorized.

이 문장이 해석되는가? 많은 학생이 '그녀가 원상태로 되돌리다(?) 그녀가 기억하는 것을'이라고 해석할 것이다. 그런데 그 해석으로 이 문장이 무슨 의미인지 이해되는가? 여기서 쓰인 undo는 그녀가 기억하는 것을 되돌리는 것이니 결국 '잊어버린다'는 뜻이다. 그렇다면 다음 예문은 어떠한가?

I undo my shoestring.

이 문장은 '나는 신발 끈을 원상태로 되돌린다'로 해석할 수 있다. 그러므로 여기서 사용된 undo는 '풀다'라는 뜻이다. 동일한 단어라도 문장에서 의미하는 뜻이 전혀 다른 것을 확인할 수 있다.

subject라는 단어가 문장에 따라 '주제', '과목', '주어', '대상' 등 다양한 뜻으로 쓰이는 것처럼 영어 단어는 문맥과 상황에 따라 다양한 의미를 포함한다. 그러니 무작정 단어의 뜻만 암기하면 정작 문장에 쓰였을 때 제대로 해석할 수 없다. 여기에 더해 다양한 예문을 통해 각각의 의미로 쓰일 때의 맥락을 파악하고 이해하는 과정이 동반되어야 한다.

만약 문제집이나 책에 소개된 예문 외에 더 다양한 쓰임을 확인하고 싶다면 챗GPT를 활용해도 좋다. 챗GPT를 활용하면 누구나 쉽게 다양한 영어 문장을 만들 수 있으니 새로운 단어를 암기할 때 그 단어를 사용한 예문을 10개 이상 만들어달라 주문해 보자. 다양한 문장 속에서 쓰인 단어의 의미를 확인할 수 있다.

지문을 해석하며 모르는 단어가 등장했을 때 그 단어가 포함된 문장 자체를 스크랩하는 것도 방법이다. 지문 속 내가 모르는 단어를 형광펜으로 표시해 두면 자연스레 예문까지 수집하는 셈이다. 요즘은 스마트폰이 있으니 해당 지문을 사진으로 찍어서 폴더에 모아 자신만의 단어 라이브러리(앨범)를 만들 수도 있다. 예문을 통해 단어를 공부하면 해석을 확장할 수 있고 단어를 보다 입체적으로 공부할 수 있음을 기억하자.

간혹 자신이 암기하지 못한 단어를 따로 모아 단어장을 만드는 학생도 있는데, 앞서 말한 것처럼 예문 없이 단어만 모아놓는 것은 큰 의미가 없다. 차라리 시중에 나와 있는 단어장 중 용례가 풍부하게 실린 것을 보며 '이 단어는 이런 맥락에서 쓰이는구나' 확인하며 익히는 게 낫다.

단어장을 선택할 때도 무턱대고 많이 팔리는 것이 아니라 내 수준에 맞는 것을 골라야 한다. 무작위로 페이지를 펼쳤을 때 한 페이지에 소개된 단어 중 절반 정도가 아는 단어인 수준이 나에게 적합하다.

특히 중하위권 학생의 경우 아직 공부 경험과 성취 경험이 부족해 학습을 끝까지 마무리하는 일이 더욱 어렵다. 이런 어려움을 겪는 학생라면 무엇보다 스스로의 힘으로 무언가를 끝냈다는 성취감을 느끼는 것이 매우 중요하다. 단어장에 소개된 단어 중 절반 정도를 이미 알고 있는 상태라면 암기의 부담도 적은 데다 확실한 동기부여로도 삼을 수 있어 끝까지 공부하기가 훨씬 수월하다. 의욕만 앞서서 어렵고 모르는 단어만 가득한 단어장이 아닌, 나의 수준에 맞는 단어장으로 끝까지 공부하는 경험을 쌓아나가자.

내 수준에 맞는 단어장을 골랐다면 일단 그 단어장에 소개된 단어는 모두 암기할 때까지 학습해야 한다. 보통 참고서는 몇 회독이 끝나면 다른 문제집으로 넘어가는 경우가 많은데, 단어장만큼은 그렇게 공부해선 안 된다. 단어장에 소개된 모든 단어의 뜻을 암기할 때까지 한 권을 반복해서 보라.

품사까지 정확하게 외워라

중하위권 학생들이 단어를 암기할 때 흔히 저지르는 실수가 또 있다. 단어를 암기할 때 단어의 품사를 정확하게 외우지 않는다는 것이다. 단어의 품사를 맞히는 문제가 시험에 출제되는 것도 아닌데, 왜 품사까지 파악하고 암기해야 할까?

이유는 간단하다. 아무리 많은 단어를 외워도 그 단어가 명사인지 동사인지를 명확히 알지 못하면 단어가 포함된 문장을 제대로 해석할 수 없다. 그저 단어의 뜻을 하나하나 나열하는 수준일 뿐, 단어 사이 관계를 파악하고 연결해 문장을 온전히 이해하는 것은 불가능하다. 'I love you'라는 문장을 보고 '나 사랑 너'로만 해석할 수 있는 사람이 문장의 의미를 제대로 알 리 만무하다. 그러니 단어를 암기할 때 단어의 품사를 파악하고, 이를 바탕으로 문장 속에서 각 단어가 어떤 역할을 하는지, 그래서 어떻게 해석해야 하는지 분명히 알아야 한다.

아래 단어의 품사와 쓰임을 간단하게 정리한 표를 소개한다. 이 내용을 참고해 품사의 기본 개념을 익혀 활용해 보자.

품사의 기본

문법의 기초가 없는 학생들을 위해 영어 품사에 관해 간단한 팁을 주려고 한다. 영어 공부를 하다 보면 다음 용어를 분명 들어 봤을 것이다.

품사 단어-사람	성분 자리-직업
명사	주어
동사	목적어
형용사	서술어
부사	수식어
	보어

왼쪽과 오른쪽에 쓰인 단어는 어떤 기준으로 나뉜 것일까? 두 용어의 차이는 무엇일까? 영어의 기본인 품사와 이들의 쓰임을 제대로 알지 못하면 영어 전체 체계가 꼬이기 시작한다.

위의 표 왼쪽에 위치한 명사, 동사, 형용사, 부사는 '단어 그 자체'를 뜻한다. 비유하자면 '사람'에 속한다고 할 수 있다.

반면 표 오른쪽에 위치한 주어, 목적어, 서술어, 수식어, 보어는 단어가 문장 속에서 차지하는 '자리'다. 이는 앞서 소개한 사람이 갖고 있는 '역할' 및 '직업'에 속한다고 할 수 있다.

➜ 동사-서술어

모든 사람은 저마다의 역할을 갖고 있기 마련이다. 그렇다면 동사가 가지는 역할은 무엇일까? 또 어떤 자리에 위치해야 할까? 동사는 사람이나 사물의 상태나 동작을 나타내는 품사다. 그러므로 동사는 서술어 자리에 들어가야 한다.

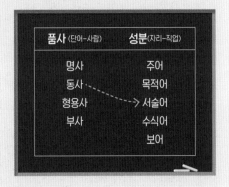

➜ 명사-주어/목적어/보어

명사는 이른바 직업이 여러 개인 'N잡러'와 같다. 할 수 있는 역
할이 매우 많다. 그래서 명사는 주어, 목적어, 보어 자리에 모두
들어갈 수 있다.

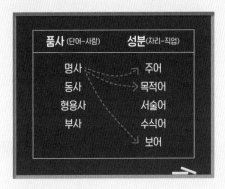

➜ 형용사-수식어/보어

형용사도 마찬가지다. 다재다능하기 때문에 여기저기서 불러
준다. 그래서 형용사는 수식어, 보어 자리에 들어갈 수 있다.

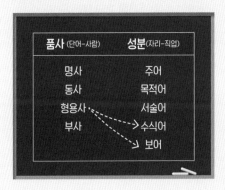

→ 부사-수식어

반면 부사는 매우 소극적이다. 맡아서 할 수 있는 자리가 수식어뿐이다.

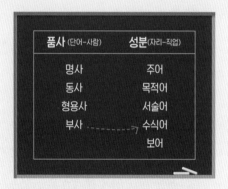

품사 (단어-사람)	성분 (자리-직업)
명사	주어
동사	목적어
형용사	서술어
부사 ┈┈┈┈→	수식어
	보어

이처럼 품사와 문장 성분부터 구분하는 연습을 해야 한다. 그리고 각각의 특성과 역할을 분명하게 암기하는 것이다. 왼쪽의 품사가 사람 그 자체, 오른쪽의 성분이 직업과 같다는 개념을 기억하면 조금은 쉽게 구분할 수 있다. 그다음 품사 각각이 어떤 자리에 들어갈 수 있는지를 외우고 적용하자.

　아이러니하게도 영어 점수가 1~2등급 정도가 되면 그때는 다시 품사의 틀을 깰 줄 알아야 한다. 시험 문제에서 단어의 품사가 많이 섞인 상태로 출제되기 때문이다. 간혹 난도가 높은 지문에서는 분명히 명사로 알고 있던 단어가 동사로 쓰이는 경우가 종종 등장한다. 이럴 때는 품사의 틀에 갇힌 상태에서 문장을 해석할 수 없다. 각 단어의 품사를 명확히 아는 수준이라면 이를 바탕으로 문장의 구조에 따라 다른 시각으로 해석하려는 시도를 할 수 있어야 한다.

단어를 더 깊이 있게 공부해 보자

단어를 암기할 때 영영사전을 활용하면 더욱 도움이 된다. 영영사전은 영어 단어를 영어로 설명해 놓은 것이기 때문에 단어가 지닌 뉘앙스까지 이해하기 더 쉽다. 특히 한 단어가 여러 가지 뜻을 가진 경우에 영영사전을 통해 주된 뉘앙스를 먼저 이해하면 다른 뜻을 연상하는 데 더욱 수월하다.

charge라는 단어는 기본적으로 '붙다', '붙이다'의 의미를 갖는다. 이 기본 뉘앙스를 제대로 인식하고 암기하면 문장에서 charge가 어떻게 쓰이냐에 따라 다른 여러 방향으로 쉽게 의미를 확장할 수 있다.

charge [tʃɑːrdʒ]

기본 의미: 붙다, 붙이다

파생 의미:

내용물을 '붙여' 넣다 → 물건을 채우다

휴대폰에 전기를 '채우다' → 충전하다

남에게 일을 '붙이다' → 책임(지다)

책임을 맡겼는데 일을 안 하면 → 비난, 고소(하다)

또 다른 예로 sanction이라는 단어가 있다. 이 단어는 '제재'와 '허가'라는 뜻을 동시에 갖고 있는데, 이 둘이 완전히 상반된 의미라서 학생들이 혼란을 느끼기 쉽다. 그런데 영영사전에서 sanction을 찾아보면 옆에 소개된 표에 쓰인 것과 같이 설명되어 있음을 확인할 수 있다.

다시 말해 어떤 규칙이 있는데 그걸 지키면 '허가'가 되고, 지키지 않으면 '제재'당한다는 의미다. 이렇게 단어의 뉘앙스를 파악하면 상반된 두 뜻이 한 단어에 묶여 있는 이유나 각각의 의미가 사용되는 쓰임이 한 번에 이해된다. 단어의 의미를 문장에 맞추어

a strong action taken in order to make people obey
a law or rule

(법이나 규칙을 준수하도록 하기 위해 취해지는 강력한 조치)

확장할 수 있는 것이다. 상위권일수록 단어를 더 깊게 공부하고 단어장을 사더라도 영어로 설명된 것을 선택하는 게 좋은 이유다.

한때 어원 중심으로 영단어를 암기하는 것이 유행한 적도 있는데, 나는 이를 별로 추천하지 않는다. 물론 어원 중심의 학습이 나쁘다는 게 아니다. 다만 노력에 비해 수능에서 얻는 효과가 크지 않고, 오히려 단어의 어원까지 외워야 해 암기해야 할 양만 늘어날 뿐이라 비효율적이라는 것이다.

게다가 어원을 중심으로 암기하는 경우 그 어원으로부터 파생된 단어의 의미를 정확하게 암기하지 않았음에도 이미 알고 있다고 착각하는 경우도 꽤 많다. 예를 들어 comprehend, comprehensible, comprehensive는 모두 '이해하다'라는 뜻을 가진 라틴어 동사 comprehendered에서 비롯됐다. 실제로 comprehend의 뜻은

'이해하다', comprehensible의 뜻은 '이해할 수 있는'으로 어원과 동일한 의미를 갖는다. 하지만 comprehensive는 '포괄적인'이라는 전혀 다른 뜻이다. 만약 영어 공부를 하면서 comprehendered의 뜻만 암기하고 넘어간다면 시험 문제에 comprehensive가 등장했을 때 정확한 의미를 파악하지 못한 채 실수하기 쉽다.

게다가 영어의 어원이 라틴어에만 있는 것이 아니다. 영어는 다양한 언어를 받아들이며 발전했기 때문에 어원 중심으로 모든 걸 파악하기에는 한계가 있다. 어원을 알았을 때 영어 단어의 암기가 쉬워질 수는 있으나, 이 방법만을 맹신한 채 단어 하나하나가 갖는 의미를 파악하는 데 게을리하는 것은 분명 조심해야 할 태도다.

문장 읽는 법을
알고 있는가?

★ ★ ★ ★ ★

영어력의 핵심은 문장 구조를 파악하는 능력

단어가 모이면 문장이 되고, 문장이 모이면 글이 된다. 그래서 단어를 알고, 단어가 문장을 이루는 방식을 알아야 문장이 보인다. 그리고 이 문장들이 어떤 논리로 연결되는지를 알아야 지문이 보인다. 따라서 기본적으로 영어 실력을 높이는 가장 올바른 방법은 문장 구조를 파악하고 이해하는 법을 학습하는 것이다.

그런데 많은 학생이 영어 공부를 한다고 하면서 그저 단어를 외우거나 문법을 공부하고 문제를 푸는 데 집중한다. 이들 사이의 관계성과 문장 구조에는 관심이 없다. 하지만 이런 방식으로는 결코 영어 실력이 늘지 않는다.

사실 영어 공부를 시작하는 많은 학생이 가장 먼저 마주하는 낯설고 복잡한 문법 용어들에 당황한다. 동사, 명사, 형용사, 부사 등 품사를 나타내는 단어부터 동사원형, 분사는 물론이고 구와 절까지 생전 처음 듣는 문법 용어들이 잔뜩 포함된 설명을 읽고 있자면 도저히 무엇을 공부해야 하는지 감조차 잡을 수 없다. 그러면서 영어 공부에 덜컥 겁을 먹는다. 영어 공부는 피할 수 없으니 점점 더 문법 용어 하나하나에 집착하게 되고, 개념서에 적힌 문법 설명을 암기하는 데 열을 올린다. 하지만 분명한 사실은 이러한 문법 용어는 영어 문장의 구조를 더 쉽게 파악하기 위해 알아야 하는 도구라는 것이다.

부모님 중에서도 영어 공부를 할 때 흔히 활용하던《성문종합영어》나《맨투맨 기본영어》에 소개된 문법 설명을 암기한 경험이 있을 것이다. 그러면서 이 책들이 영어 문법을 익히기 위한 도서라고 생각한다. 하지만 사실 이 책들 역시 강조하고 가르치려는 내용은 영어 문법 자체가 아니다. 이 책에서 가장 중요하게 가르치는 내용은 기본 개념을 활용해 문장의 구조를 파악하고, 이를 통해 정확한 독해를 하는 것이다. 그런데 너무나 많은 사람이 책에서 소개하는 문법 용어 자체에만 집착하며 함께 소개된 예시문의 해석은 거들떠보지도 않고 넘어간다. 이는 마치 수영 선수가 준비 운동만 실컷 하다 수영은 시작도 하지 않은 채 훈련을 마치는 것과 같다.

물론 문법 용어를 잘 알고 있는 편이 영어 공부를 하는 데 훨씬 도움이 되는 것은 맞다. 수업 시간에 선생님들이 문장 구조를 분석하며 문법 용어를 사용하는 경우가 정말 많기 때문이다. 특히 고등학교에 진학하면 이러한 문법 용어나 개념은 이미 충분히 익힌 상태라고 생각하기 때문에 기본 개념에 대한 학습을 따로 하지 않는 경우도 많다. 대신 곧바로 문장 구조 파악을 위한 수업이 주를 이룬다. 따라서 최소한 수업을 이해하기 위한 기본 문법 용어, 명사나 동사, 형용사와 같은 품사나 서술어, 보어와 같은 문장 성분, 구와 절의 개념 등은 중학교 단계에서 충분히 익혀놓는 편이 좋다.

문법이 아니라 구조에 집착하라

인터넷에서 영어 강의를 하는 많은 선생님의 메인 강좌 역시 구문, 즉 문장 구조를 파악하는 수업이다. 서점에 가도 문장 구조에 대해 설명하는 책이 단어장 다음으로 많다. 그만큼 문장 구조를 파악하는 것은 영어 공부의 기본이자 본질이라 할 수 있다. 그러니 우리도 진짜 영어 실력을 높이고 싶다면 이러한 강의나 문제집을 통해 문장 구조를 파악하는 방법을 연습해야 한다.

그런데 여기서 잠깐, 문법 용어를 사용하는 수업이 곧 문법 수업이라고 착각하는 학생이 많은데 이는 잘못된 생각이다. 문법 수업이란 "이런 상황에서는 ing를 붙여 분사 형태를 써야 올바른 표현이야, 여기엔 동사원형을 써야 해"라는 식으로 문장의 법칙을 가르치는 것이다. 하지만 잘 생각해 보라. 실제 학교 수업을 잘 들어보면 선생님들이 대부분 '문장의 구조가 어떤 식으로 이루어졌는지, 그래서 문장을 어떻게 끊어 읽고 어떻게 해석해야 하는지'를 가르친다. 이 내용을 설명하기 위한 수단으로 문법 용어가 등장할 뿐이다. 이런 수업은 문법 수업이 아니라 문법 개념을 활용한 문장 구조 수업에 해당한다.

간혹 시험에서 단순 암기식의 문법 문제가 많이 출제됐던 시대를 경험한 부모님이 자녀들에게도 문법 공부를 강조하는 경우가 있는데, 지금의 시험 유형은 그때와는 다르다. 수능에 출제되는 문법 문제는 단 하나뿐이고 크게 의미 있는 유형도 아니다. 내신에서도 단순한 문법 용어를 그리 강조하지 않는다. 서술형 영작 문제 등을 통해 문법 지식이 있는지를 간접적으로 측정할 뿐이다.

그러니 문법 자체에 집착하기보다 문법을 활용한 문장 구조를 파악하는 데 힘을 쏟는 편이 더 낫다.

우리가 단어를 외우고 문법을 공부하는 이유는 결국 문장을 더 잘 해석하고 지문을 이해하기 위해서다. 게다가 문법이라는 것은 애초부터 '이렇게 말하자'라는 약속을 통해 탄생한 것이 아니다. 오랜 기간 동안 형성된 언어 습관에서 발견되는 일관된 패턴이 문법이라는 이름으로 자리 잡은 것이다. 그러니 그 패턴만 암기하는 것은 영어 실력을 늘리는 데 아무런 도움도 되지 않는다.

문장을 해석하는 연습보다 문법 그 자체에만 함몰되는 학생들을 볼 때마다 안타까운 것도 바로 이 때문이다. 올바른 영어 공부란 문장을 만드는 패턴으로서 문법을 익히고, 그 문법이 문장에서 어떻게 적용되고 해석되는지를 연습하는 것이다. 물론 문장을 어떻게 끊어 읽고 정보를 처리하는지, 그 방법을 이 책에서 모두 설명하기란 불가능하다. 다만 시중에 구문을 익히고 배울 수 있도록 안내하는 책과 강의가 정말 많으니 꼭 이를 활용해 올바른 영어 공부를 하길 바란다.

문장 구조를
파악하라

★ ★ ★ ★ ★

문장 구조 파악하기 1: 동사부터 찾아라

영어 하위권 학생들의 가장 큰 착각은 영어 단어를 많이 알면 영어를 잘할 수 있다고 여긴다는 것이다. 이런 학생들은 이 믿음에 갇혀 계속해서 단어만 외운다. 그러나 진짜 문제는 영어 단어가 아니다. 수많은 단어를 알아도 문장 구조를 파악하지 못하면 어떠한 영어 문장도 제대로 해석할 수 없다.

아래 두 문장을 보자. 하위권 학생에게 두 문장을 해석해 보라고 하면 보통 다음과 같은 해석을 내놓는다.

• Time flies like an arrow.

시간이 화살처럼 흐른다. (○)

• Fruit flies like an apple.

과일이 사과처럼 흐른다? (×)

문장 구조가 비슷하니 두 번째 문장 역시 앞 문장처럼 해석해 보지만 전혀 말이 되지 않는다. 그럼 두 번째 문장을 다시 찬찬히 살펴보자.

한 문장 안에 동사는 하나만 존재할 수 있다. 두 문장에서 동사는 각각 무엇이고 그 차이는 무엇일까? 앞 문장에서는 '날아가다, 흐르다'라는 의미의 flies(fly)가 동사로 쓰였다. 뒤에 위치한 like는 '~와 같은'이라는 전치사다. 하지만 두 번째 문장에서는 flies가 동사가 아닌 '초파리'를 뜻하는 명사로 쓰였다. 그래서 이 문장의 주어가 되며 대신 바로 뒤에 위치한 like가 '좋아하다'는 의미의 동사로 쓰였다.

영어 하위권 학생들은 문장 구조를 파악하는 학습이 부족하기 때문에 비슷한 형태의 두 문장의 구조적 차이를 알아차리기 힘들다. 그러니 문장의 핵심인 동사가 무엇인지 찾기 힘들고, 당연히 정확한 해석도 불가능하다. 따라서 정확한 해석을 위해서는 먼저 그 문장의 동사가 무엇인지 찾고, 이를 바탕으로 문장의 구조를 파악하는 능력을 길러야 한다. 바로 그것이 독해의 기본이다.

동사 찾기 연습

문장을 해석할 때는 동사부터 찾아라. 우선 동사란 무엇인가?

동사란?

사람이나 사물의 움직임 또는 작용을 나타내는 말. 영어로는 Verb로, 영어 문법을 설명할 때 앞글자를 딴 V로 표시한다.

동사의 기본 규칙

V: 동사원형. 시간의 개념을 뺀 동사의 가장 기본 형태다.

V(es): 본동사의 동사원형 뒤에 (e)s를 붙여 현재시제임을 나타낸다.

V(ed): 본동사의 동사원형 뒤에 (e)d를 붙여 과거시제임을 나타낸다.

※주의: be 동사 변형 – am/are/is/was/were

일반 동사의 경우 본동사 외에 뒤에 (e)s나 (e)d가 붙어 시제를 나타낸다. 이를 규칙 동사라 한다. 다만 be 동사의 경우 규칙에서 벗어나므로 변형 형태를 반드시 외워두어야 한다. 동사의 개념에 대해 숙지했다면 영어 지문에서 동사를 찾는 연습을 하라. 동사를 찾으면 해석이 자연스럽게 가능하다.

문장 구조 파악하기 2: 대명사를 찾아라

영어에서는 that이나 this 같은 대명사가 무척 많이 활용된다. 그런데 한국어에서는 대명사라는 개념이 문법적으로만 존재할 뿐 실제로는 잘 사용되지 않는다. 그래서 많은 학생이 대명사의 존재를 어색해한다. 영어 지문을 읽을 때도 대명사가 등장하면 '이것', '저것', '그것'과 같이 뭉뚱그려 해석하고 취급한다. 그 대명사가 가리키는 정보가 무엇인지 알아야 정확한 해석이 가능한데 제대로 알지 못하니 문제의 정답 또한 알 수 없다.

수능에는 대명사를 알아야 풀 수 있는 문제가 많이 출제된다. 학생들이 어려워하는 순서 삽입 문제도 그중 절반은 대명사가 가리키는 것이 무엇인지 정확히 파악하고 있느냐 묻는 문제다. 빈칸 문제의 경우에도 대명사를 잘 활용하면 쉽게 풀 수 있는 문제 유형이 많다.

정확한 독해를 위해서는 대명사가 무엇을 의미하는지 제대로 파악하는 것이 중요하다. 결국 대명사만 잘 찾아도 문해력이 향상될 수 있다는 점을 잊지 말자.

문제를 풀거나 문장을 해석할 때 대명사 찾기 연습을 해보자. 아래 지문에 등장하는 this가 정확히 무엇을 가리키는 것일까? 문장 속 대명사가 뜻하는 바를 찾아 동그라미를 치거나 밑줄을 그으면 대명사가 지칭하는 것이 무엇인지 명확하게 눈에 들어올 것이다. 이른바 '대명사 지도'를 만드는 것이다.

---

the doctor left the instrument in place for a short time. <u>This</u> was still unpleasant, but much less so because the scope wasn't moving.

(출처: EBS 수능감잡기 고등 영어영역)

이 문단에서 this가 뜻하는 것은 바로 앞에 등장하는 문장 전체인 'the doctor left the instrument in place for a short time'이다. 이를 알고 대명사 this를 대신해 앞 문장의 내용을 넣어 해석하면 결국 '의사가 기구를 잠시 그대로 둔 행위'가 유쾌하지 않았다는 의미다.

이처럼 대명사의 뜻을 찾으면 해석이 명확해진다. 대명사를 얼버무리는 습관 대신 언제나 정확히 파악하는 습관을 기르자.

대명사 지도 만들기

지문에서 대명사가 등장하면 그 대명사가 가리키는 문장 혹은 단어를 찾고, 화살표를 활용해 둘을 연결해 표시하자. 이렇게 본문에 등장하는 모든 대명사의 뜻을 표시해 시각화하면 대명사의 숨은 뜻이 한눈에 들어온다.

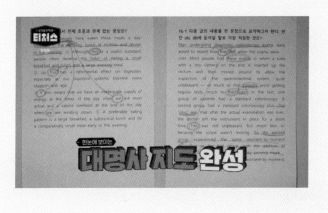

문장을 해석하지 못하면
문제를 풀지 마라

★ ★ ★ ★ ★

지문을 이해하지 못했으면 정답도 정답이 아니다

영어 공부를 하며 문제를 푸는 이유는 사실 문제 자체를 맞히기 위해서라기보다 글을 더 잘 이해하는 훈련을 하기 위함이다. 극단적으로 이야기하면, 지문을 이해하지 못한 채 정답을 맞혔다면 그 문제는 틀린 것과 다름없다고 할 수 있다. 다른 모든 과목과 마찬가지로 영어도 결국 '얼마나 명확하게 이해했느냐'가 실력의 핵심이다.

따라서 하위권 학생들은 당장 많은 양의 문제를 풀기보다는 문장을 명확하게 해석하는 연습을 해야 한다. 독해력을 키우는 게 우선이므로 실력이 모자라다면 오히려 문제를 풀지 않는 편이 더 낫다. 문제를 푸는 것은 어디까지나 소개된 문장과 지문을 얼마나 잘 이해했는지 확인하는 수단으로 이용해야 한다.

비슷한 맥락에서 하위권 학생들이 자신의 약점을 파악하려 오답을 분석하는 것도 별 의미가 없는 행위다. 거의 모든 문제의 정답을 맞히지 못하는데 내가 약한 유형을 파악하는 것이 무슨 소용이 있겠는가. 그러니 문제를 풀고 오답을 분석해 나의 약점을 파악하는 것보다, 지문에서 내가 어떤 부분을 제대로 해석하지 못했고 무엇을 이해하지 못했는지 확인하는 것이 우선되어야 한다.

지문을 해석하지 못하면서 기출문제를 푸는 데 집착하는 학생도 있는데, 냉정하게 말해서 이는 좋은 문제를 낭비하는 것과 다름없다. 이런 학생들은 지문 해석도 정확하게 이루어지지 않고, 명확한 근거를 가지고 정답을 택했다고도 할 수 없는데도 운이 좋아 맞힌 문제를 본인의 실력이라고 착각한다. 하지만 이런 방식으로는 내가 문제를 통해 얻어야 할 지식을 전혀 얻지 못한다.

그래서 나는 영어 3등급 이상 안정적으로 받을 수 있는 수준이 되었을 때 기출문제 풀기를 권한다. 그 이하 성적을 받는 학생이라면 문제 풀이가 아닌 문장을 해석하고 지문을 이해하는 연습부터 해야 한다.

또 다르게는 지문을 제대로 해석하지 못하면서 기출문제를 통해 문제를 푸는 요령만 배워 시험에 임하는 학생도 있다. 지문에서 많이 등장하는 핵심 단어를 보고 글의 소재를 파악한 다음 문제를 푸는 식이다. 문제의 선지 다섯 개 중 핵심 단어가 등장한 선지는 대개 두 개 정도이니, 그 둘 중에서 정답을 골라 선택한다. 거의 감으로 푸는 것과 마찬가지다.

하지만 이런 학생들은 문제의 유형이 조금이라도 바뀌어 출제되면 오답률이 엄청나게 상승한다. 성적이 쭉쭉 떨어지는 것은 당연하다. 지문을 완전히 이해한 것이 아니라 핵심 단어 몇 가지만 활용해 눈치와 요령으로 문제를 풀었으니 그동안의 점수가 모두 허상인 것이다.

객관식 문제도 주관식처럼 풀어라

문제를 풀다 정답을 맞히지 못했다면 반드시 그 문제에 속한 지문을 다시 살피며 지문의 모든 문장을 완벽하게 이해하고 해석해야 한다. 물론 실제 시험 시간에는 지문의 모든 내용을 토씨 하나

틀리지 않고 해석할 필요까지는 없다. 다만 그때도 모든 문장이 무슨 이야기를 하는지 이해할 수 있는 수준은 되어야 한다.

지문을 읽고 주제도 이해했는데 '이 문장이 왜 여기 있지?'라는 생각이 든다면 그것은 완벽하게 이해한 것이 아니다. 모든 문장의 뜻을 해석하고 그 문장이 왜 그 위치에 있는지도 알아야 한다. 이는 곧 지문의 논리와 흐름을 완벽하게 파악하라는 뜻이다. 이렇게 쌓은 실력은 쉽게 무너지지 않는다.

이런 훈련을 계속한 학생은 문제가 자연스럽게 풀린다. 지문을 읽고 이해하고 문제를 읽으면, 선지를 읽기도 전에 주관식으로 답이 떠오른다. 그러니 나의 정답과 동일한 내용의 선지를 고르기만 하면 된다. 당연히 정답률은 엄청나게 상승한다. 문제를 읽고 선지를 고르기 전 주관식으로 답을 내놓는 연습은 특히 상위권 학생들의 정답률을 높이는 데 매우 도움이 된다. 이러한 훈련을 통해 더욱 정확하고 신속하게 답을 고를 수 있다.

영어 문제는 요령이 있다고 빨리 풀 수 있는 것이 아니다. 기본적으로 영어라는 과목은 특정한 풀이법이 정해져 있는 것이 아니라 말 그대로 글을 읽고 이해하는 과목이다. 그리고 영어로 된 글을 얼마나 잘 이해하는지를 측정하는 것이 영어 시험이다. 다시 한번 말하지만 지문을 완벽하게 이해하면 문제는 저절로 풀린다.

감으로 푼 문제도 실력일까?

종종 문제를 풀며 하나라도 모르는 단어가 등장하면 그냥 넘어가지 못하는 학생이 있다. 이런 학생은 자기가 모르는 단어나 표현이 나오는 것을 견디지 못해 계속해서 그 문제만 붙잡는다. 하지만 이러한 습관은 결국 수능 시험에서 약점이 된다.

영어 공부는 100% 완벽하게 하기가 불가능하다. 계속 말하지만 영어는 언어이기 때문이다. 아무리 영어 단어를 많이 외워도, 평소 영어 시험에서 만점을 받는 친구도 모르는 단어 몇 개는 반드시 등장하는 것이 수능 영어다. 그러니 평소에 모르는 단어가 있어도 일단 읽고 해석하는 훈련을 해야 한다.

앞서 이야기했던 것처럼, 한 지문당 모르는 단어가 5~7개 정도 등장했다면 단어를 찾아보지 않고도 지문 내용을 모두 이해할 수 있어야 한다. 단어를 많이 아는 것도 중요하지만, 실전에서는 다 몰라도 그냥 풀고 넘어가는 대범함도 필요하다.

다만 오해하지 말아야 할 것은 그렇다고 해서 그저 앞뒤 문맥에 따라 정답을 유추해 감으로 문제를 맞혀도 된다는 말은 아니라는 점이다. 지문은 전혀 이해하지 못한 채 문제에 제시된 선지를 보고 '지문이 이런 내용이었구나'라고 추측하는 식으로 문제를 푼다면 시험 난도와 형식에 따라 정답률이 널뛸 수밖에 없다.

감이란 결국 무의식의 작용이다. 무의식으로 한 일이 옳을 때도 있다. 하지만 그 무의식의 수준이 언제나 동일할 수는 없다. 나의 컨디션이나 상황에 따라 기복이 생기는 것이 당연하다. 그래서 감이라는 무의식의 영역을 '체계를 갖춘 의식의 영역'으로 끌어내야 한다. 문장 구조를 분석하고 이해하는 체계를 공부하는 이유다.

지문

국어 문해력과
또 다른 영어 문해력

★ ★ ★ ★ ★

영어식 사고를 이해하는 영어 문해력이 필요하다

영어를 사용하는 사람과 국어를 사용하는 사람은 생각하는 방식 자체가 다르다. 언어라는 것은 단순히 어순이나 문법 구조에만 차이가 있는 것이 아니기 때문이다. 사용하는 언어에 따라 사고방식까지 영향을 받는다. 그래서 영어의 문해력은 국어의 문해력과 차이가 날 수밖에 없다. 그러므로 영어를 잘하기 위해서는 먼저 영어식 사고방식을 이해해야 한다.

'저기에 정지 신호가 있다'라는 문장을 영작해 보자. 한국에서 태어나고 자라며 한국식 교육만 받은 사람이라면 거의 기계적으로 이렇게 영작할 것이다.

There is a stop sign.

물론 틀린 문장은 아니다. 하지만 이는 개인보다 관계를 중요시하는 아시아 문화의 특성이 잔뜩 묻어난 문장이다. 신호와 나의 관계가 중요한 만큼 문장 첫머리에 there라는 단어가 나온다.

하지만 영어권 문화에서는 위 문장이 상당히 어색하다. 자주 쓰이는 표현도 아니다. 영어권 문화에 더 적합한 문장은 다음과 같다.

The sign over there says to stop.

이 문장을 한국어로 직역하면 '저기에 있는 신호가 멈추라고 한다' 정도다. 영어식 사고방식에서는 신호가 저곳에 있다는 '현상'이 나와 신호등 사이의 거리보다 더 중요하기 때문에 위와 같은 문장

으로 표현된다.

결국 영어를 잘하기 위해서는 많은 영어 지문을 읽으면서 영어권 사고방식에 익숙해져야 한다. 다양한 훈련을 통해 이러한 문장이 의도하는 바를 빠르게 파악하고 이해하는 능력을 키워야 영어라는 언어의 실력을 높일 수 있다.

독서는 사고력의 원천

수학은 상위권인데 영어 성적은 낮은 중학생이 있다. 영어 성적을 올리기 위해 학원에 방문해 컨설팅을 받고, 레벨 테스트를 받아도 수학에 비해 영어 실력이 부족하다는 평가만 받을 뿐이다. 영어 유치원 출신이거나 어렸을 때부터 원어민 수업을 경험한 아이들이 워낙 많기 때문에 그 아이들을 이기기란 애초에 불가능한 것이 아닌가 하는 생각도 든다. 영어 학습의 시작이 늦은 만큼 지금더 열심히 영어에 집중해야만 영어 성적을 올릴 수 있다고 생각한다. 정말 그럴까?

정식쌤

"이 또래 학생들한테 가장 중요한 것은 영어를 공부로 생각하지 않는 것입니다. 영어에 노출된 환경을 만들고 싶다면 학원 수업을 강행하는 것보다 영어 책을 읽히는 게 낫습니다."

그런데 영어에서만큼은 과도한 선행이 부질없다고 아무리 강조해도 많은 학부모가 이 조언을 잘 이해하지 못한다.

"우리 아이는 아직 영어 실력이 한참 모자라서 어려운 지문은 읽지도 못해요. 이 상태에서는 과외를 붙여서라도 단기간에 단어 암기량을 늘리고 문법 기초를 끝내야 고등학교 수업을 따라갈 수 있는 것 아닌가요? 그런데 왜 책을 읽으라고 하시나요?"

물론 엄마가 생각하는 방식을 따랐을 때 단시간 안에 영어 점수가 오를 수는 있다. 하지만 문제는 이 과정에서 아이들이 영어라는 과목 자체를 싫어하게 될 가능성이 크다는 것이다. 이 시절 영어에 거부감을 느끼면 시간이 지날수록 그 후폭풍과 부작용은 걷잡을 수 없이 커진다. 영어가 싫은데 억지로 공부하는 아이는 영어가 재미있어서 신나게 공부하는 아이를 이길 수 없다.

그러니 초등학생이나 중학생인 경우 단기간 성적 향상에 집중하기보다 영어로 된 책을 재미있게 읽으며 영어에 호감을 느끼게 하는 것이 더 낫다. 물론 학교 학습에 성실히 임하며 내신 성적도 잘 챙겨둬야 한다. 다만 영어를 배우는 것이 그저 시험을 잘 보기 위함이 아니라 다른 나라 언어와 사고방식을 배우는 흥미로운 활동이라고 여길 때 장기적인 영어 성적에도 더 유리하다는 의미다.

게다가 영어에는 만연체 문장이 매우 많다. 시험 지문으로 등장한 문장 하나하나의 길이를 비교해 보면 국어 비문학 지문보다 영어 지문 속 문장 길이가 훨씬 더 길다. 한 문장이 대여섯 줄까지 이어지는 것은 흔하고, 심한 경우에는 여덟 줄까지 이어지기도 한다. 영어라는 언어의 구성 성분이 우리말과 다르고, 말을 하는 방식도 다르기 때문이다.

이런 문장을 처리하고 문제를 풀기 위해서는 지엽적인 공부 방식에 집착하기보다 앞에서 말했듯 차라리 영어책을 읽으며 영어의 서술 방식에 익숙해지는 게 도움이 될 수 있다. 아직 본격적으로 입시 준비를 시작하기 전, 초등학교 고학년이나 중학생이라면 영어책을 읽으면서 사전을 찾지 말고, 영어 공부를 한다는 생각 없이, 재미있는 책 읽기라고 생각하며 영어 학습을 시작해 보자.

영어에 흥미를 붙여줄 추천 영어책

그렇다면 어떤 영어책을 읽어야 할까? 영어책을 선택할 때는 소설이나 비문학, 혹은 특정 주제에만 국한되지 말고 다방면의 책을 고르는 것이 좋다.

아래에 영어 실력이 좋은 초등학교 고학년 학생들 혹은 중학 내신 A등급 정도의 중학생이 읽으며 영어의 사고방식을 익히기 좋은 도서를 추천한다. 이 독서를 통해 지루하고 어려운 공부가 아니라 새로운 언어를 익혀가는 즐거운 활동으로 영어를 시작하자.

《The Story of the World》

쉬운 문장들로 구성된 세계사 이야기다. 누구나 첫 영어책 입문서로 활용하기 좋은 도서다.

《Horrible Science》

앞에 소개한 책보다는 조금 더 난도가 높다. 신기한 과학 현상을 소개하는 책이므로 이과생에게 추천한다.

《Chicken Soup for the Teenage Soul》

세 권 중 가장 난도가 있는 책으로, 삶에 지혜가 되고 위로를 주는 이야기다.

영어책을 읽을 때는 공부하겠다는 마음을 버리자. 모르는 단어가 등장했을 때 사전을 찾는 것도 추천하지 않는다. 대신 한글로 된 책을 읽을 때처럼 모르는 단어가 등장해도 앞뒤 맥락을 통해 자연스럽게 뜻을 유추하며 계속 읽어나간다. 이러한 방식으로 꾸준히 영어 독서를 지속하다 보면 영어 역시 언어임을 깨닫고 점차 영어 텍스트와 친해질 수 있다.

지문의 주제를 알라

"지문을 어렴풋이 해석할 수는 있지만 주제가 무엇인지는 모르겠어요."

입시 준비를 시작한 많은 학생이 영어 지문을 읽을 때 주제를 파악하는 데 어려움을 호소한다. 이는 앞서 지적한 것처럼 문해력이 부족하기 때문이다. 단어의 뜻을 모두 알더라도, 모든 지문을 해석할 수 있더라도 문해력이 부족하면 글의 주제를 찾는 것이 당연히 어렵다. 주제를 모르니 답을 찾는 일 역시 쉽지 않아 문제를 읽었다가 다시 지문으로 돌아가 읽기를 반복한다. 당연히 문제를 푸는 속도는 느려지고 정답을 맞힐 가능성도 낮아진다.

지문의 주제를 찾기 위해서는 결국 지문이 말하는 바가 무엇인지를 정확히 파악해야 하고 이해해야 한다. 그리고 이는 앞서 말했듯 문해력과 문장 해석 능력을 키울 때 가능하다. 여기에 더해 시험에 나오는 지문의 패턴을 알고 있으면 주제를 빠르게 파악하는 데 도움을 얻을 수 있다.

지문을 잘 이해할 수 있는 수준이라면, 여기서 한 걸음 더 나아가 지문을 읽고 어떤 문제가 출제될지 스스로 문제를 추론하는 연습을 하는 것도 좋다. 지문만을 보고 문제 유형을 추론하는 것이다. 이러한 추론이 가능하려면 무엇보다 지문에 소개된 문장 하나하나를 모두 정확하게 해석할 수 있어야 한다. 게다가 문장들 사이 관계를 모두 분석해야 하기 때문에 지문이 뜻하는 바를 완벽하게 이해한 상태여야 한다. 이런 훈련이 반복되면 실제 시험에서 어떤 유형의 문제가 출제되더라도 당황하지 않을 수 있다.

다음은 수능에 주로 출제되는 영어 지문의 구성 패턴을 정리한 것이다. 지문을 읽을 때 이 지문의 주제가 어떤 방식으로 소개되는지 유념하며 읽으면 더 빠르고 정확하게 주제를 파악할 수 있을 것이다.

영어 지문 구성 패턴 ✦✦

한 단락으로 이루어진 영어 지문은 크게 세 가지 유형으로 작성된다. 아래 소개한 세 가지 패턴을 염두에 두고 지문을 읽으면서 주제를 형광펜으로 표시해 보자. 패턴을 익히면 주제가 보인다.

➤ 머리형

첫 문장의 주제와 같은 얘기를 끝까지 반복하는 패턴

- 티처스는 좋은 프로그램이다.
→ 나오는 출연진이 좋다. (사실은 앞 문장과 같은 주제를 반복)
→ 만드는 제작진도 좋다. (이 문장 역시 동일한 주제를 반복)

➤ 몸통형

첫 문장에서 주제를 전환하는 패턴

- 티처스는 좋은 프로그램이다.
→ 그러나 문제가 좀 있다. (흐름이 바뀜)

➤ 꼬리형

다시 첫 문장의 논조로 돌아와서 마지막에 정리해 주는 패턴

- 티처스는 좋은 프로그램이다.
→ 그런데 문제가 좀 있다. (흐름이 바뀜)
→ 그럼에도 좋은 프로그램이다. (첫 문장에서 말한 주제로 돌아옴)

문제 패턴만 잘 알아도 3등급

영어 성적을 올리려면 문장을 해석하는 훈련을 통해 독해력을 키워야 한다. 해석만 잘해도 모의고사 3등급은 나올 수 있다. 일단 원활한 해석이 가능한 수준이고, 이를 위한 노력을 게을리하지 않는 습관을 들였다면 그때 수능의 문제 구성을 파악하고 각 유형에 맞는 전략을 세울 수 있다.

수능 영어는 총 45개 문제를 70분 안에 푸는 시험이다. 게다가 시험의 출제 유형도 몇 가지 패턴으로 정해져 있다. 수능 영어는 1번부터 17번까지 듣기 문제가 출제되며 18번부터 45번은 독해 문제로 구성되어 있다. 수능 영어에서 최소한 3등급을 확보하기 위해서는 듣기 영역에서 만점을 받아야 한다. 듣기에서 점수를 잃는다면 결코 상위권으로 갈 수 없다.

그다음 목표로 삼아야 하는 문제는 '난이도 하'에 해당하는 독해 문제들이다. 난이도 하 문제는 약 열 문제 정도로, 만약 본인이 영어 기본기가 하나도 없는 상태라면 최소 이 영역의 문제라도 다 맞히겠다는 목표로 공부해야 한다. 이 문제들만 다 맞혀도 4등급은 무난히 얻을 수 있기 때문이다. 이 수준에 도달했을 때 점점 난도가 높은 문제를 맞힐 수 있도록 목표를 높여가야 한다.

그렇다면 문제의 난도는 어떻게 구분할까? 아래 표에 수능 영어 문제의 패턴과 난도를 정리해 두었다. 꼼꼼히 살피며 자신의 수준에 맞는 등급은 어디인지 체크하고 한 단계씩 상승해 나갈 수 있도록 공부하자. 명심하자. '난도 하' 문제만 모두 맞혀도 최소 영어 3~4등급은 받을 수 있다!

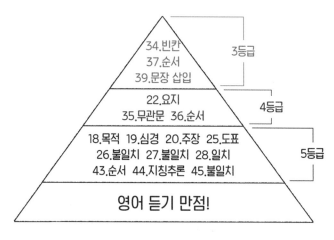

[영어 성적 향상 로드맵]

듣기

듣기
만점 받는 법

★ ★ ★ ★ ★

듣기를 틀리는 건 실수가 아니라 실력이다

수능에서 듣기는 독해에 비해 훨씬 더 적은 노력을 들이고도 만점을 받을 수 있는 영역이다. 실제 영어 모의고사에서도 독해보다 듣기 문제의 정답률이 더 높다. 듣기를 통해 영어 점수를 올리기가 더 쉬운 이유다. 그래서 영어 성적을 올리려면 가장 먼저 듣기를 정복해야 한다.

문제는 상당히 많은 학생이 듣기 연습을 게을리한다는 것이다. 듣기에서 만점을 받지 못하면서 듣기 공부를 등한시하거나 차라리 독해에 집중하겠다며 독해 공부에만 열을 올리는 학생도 많다. 하지만 이는 더 쉽게 성적을 올리는 방법을 두고 비효율적인 영어 공부를 하고 있는 것과 같다.

정식쌤

"학생들이 제일 많이 하는 착각이 있어요. 듣기 문제는 틀렸을 때 그저 실수라고 넘겨버리는 것이죠. 그런데 한두 문제라도 계속 틀린다면 그건 실수가 아니라 실력입니다."

듣기는 완벽하게 다 맞힐 수 있도록 꾸준히 연습해야 한다. 특히 듣기는 감을 잃지 않는 게 중요하므로 매일 꾸준히 연습하는 게 가장 좋다. 매일이 힘들다면 이틀에 한 번이라도 연습해야 한다. 그래야 등급이 올라가고 상위권도 노릴 수 있다.

듣기 연습을 할 때 주의해야 할 점이 몇 가지 있다. 이어폰을 꽂고 연습하는 학생들은 주의를 해야 한다. 실제 시험은 스피커를 통해 방송되기 때문에 낯선 음질과 환경으로 실전에서 실력 발휘가 어려울 수 있다. 따라서 가능하면 스피커를 활용할 수 있는 공간에서 듣기 연습을 하자.

영어 듣기 만점을 위한 공부법은 매우 간단하다. 우선 듣기 문제를 들으며 스스로 정답을 체크한다. 이후 틀린 문항은 해설지에서 스크립트를 찾아 찬찬히 읽으라. 이때 모르는 단어가 등장하면 따로 체크하고 정리해 둔다. 이렇게 단어 정리가 끝나면 그 단어들을 모두 암기한 뒤 다시 한번 문제를 풀어본다. 그러면 처음 듣기 문제를 풀었을 때와 두 번째 풀었을 때 내가 듣고 이해하는 문장의 폭이 굉장히 넓어졌음을 실감할 수 있다.

한 가지 더 듣기 공부를 할 때 팁이 있다. 교과서 앞쪽에 소개되는 대화(dialogue) 파트를 활용하는 것이다. 교과서 대화 파트에 소개된 표현 중 정말 많은 문장이 듣기 시험에 출제되기 때문이다. 그런데 너무나 많은 학생이 이 부분을 중요하게 생각하지 않고 그냥 넘어간다.

종종 교과서에 소개된 대화의 예시가 고루하다고 생각하는 경우도 있는데, 그러한 표현이 수능 듣기에 출제되는 경우가 매우 빈번하다. 그러니 이 부분을 잘 외워둔다면 수능 듣기에서 많은 도움을 얻을 수 있다. 특히 교과서 본문에서는 쉽게 접할 수 없는 표현도 자주 등장하니 빠뜨리지 말고 반드시 꼼꼼히 살펴보자.

영어 듣기 만점 비법 ✨

영어 듣기는 반드시 단 한 문제도 틀리지 않고 만점을 받아야 하는 영역이다. 아래 소개한 영어 듣기 만점 비법을 따라 완벽한 듣기를 연습해 보자.

① 문제를 듣고 푼다

② 틀린 문항은 스크립트를 찾아본다. 이때 모르는 단어를 체크한다.

③ 체크한 단어를 외운다.

③ 다시 듣기를 들으며 한 번 더 문제를 푼다.

모의고사 듣기 스크립트 찾는 법:
서울시 교육청 사이트 학력 평가 자료 월별 검색 정답 및 해설 파일 다운로드

발음을 함께 외워라

수능 듣기와 회화 듣기에는 큰 차이가 있다. 바로 수능 듣기에

는 연음이 없다는 것이다. 수능 듣기에서는 소위 말해 '많이 굴리는' 발음이 없고, 비교적 정직한 발음만이 출제된다. 특정 배경을 가진 학생에게만 유리하지 않고, 최대한 모두에게 공정한 문제를 출제하는 게 원칙이기 때문이다. 따라서 수능 시험에서는 어느 한쪽에도 치우치지 않고, 가장 원음에 가까운 발음으로만 문제를 출제한다.

그런데 듣기 성적이 안 나오는 학생들의 큰 문제 중 하나는 단어의 의미만 외울 뿐 단어의 정확한 발음은 잘 모른다는 점이다. 사실 영어는 발음 체계가 일관된 언어가 아니다. 그래서 철자만 외워서는 발음까지 예측하기가 힘들다. 예를 들어 아래 두 단어를 소리 내어 발음해 보라.

nature / mature

앞에 소개된 단어는 '자연'이라는 뜻을 가진 영단어로 발음은 '네이처[neɪtʃə(r)]'이다. 두 번째 단어는 첫 번째 단어와 맨 앞글자만 다를 뿐 단어를 구성하는 철자가 모두 동일하다. 따라서 '성숙한'이라는 의미를 갖는 이 단어를 제대로 모르는 학생에게 소리 내 읽어보라고 하면 앞의 '네이처'와 비슷한 '메이처'라고 발음한다. 하지만 실제로 이 단어의 올바른 발음은 '머추어[məˈtʃʊr]'다. 거의 유사한 철자 구성인데도 자음 하나로 발음이 완전히 달라지는 것이다. 만약 mature의 의미는 알지만 정확한 발음을 모르는 학생이 듣기 시험에서 이 단어를 들었다면 과연 어떤 단어인지 파악해서 문제를 맞힐 수 있을까?

철자만 암기하고 그에 따라 발음을 대충 끼워 맞추는 식으로 공부해서는 결코 듣기를 잘할 수 없다. 영어 단어에서는 철자와 실제 발음이 다른 경우가 너무나 많다. 그래서 영어 듣기를 잘하려면 단어를 외울 때 올바른 발음을 확인해서 반드시 함께 외워야 한다.

마지막으로 듣기 실력을 더 완벽하게 올리기 위해서는 오답 체크 또한 놓쳐서는 안 된다. 만약 본인이 듣기 만점에 도달하지 못해서 고민이라면 내가 틀린 듣기 문제의 스크립트를 모두 모아놓고 찬찬히 살펴보자. 그리고 스크립트에 등장하는 영어 단어의 뜻을 모두 아는지, 또 그 단어들의 정확한 발음은 무엇인지 확인해보라. 그 과정을 통해 나의 부족한 부분을 하나씩 메꿔나갈 수 있다. 이러한 방식으로 꾸준히 훈련한다면 어느새 듣기 실력이 놀랍도록 성장해 있을 것이다.

영어 듣기 오답 체크하기 ✧

① 틀린 문제의 지문을 확인하라.

② 지문에 나온 단어의 뜻을 알고 있는지 확인하라.

③ 그 단어의 정확한 발음을 알고 있는지 확인하라.

시간 단축 꿀팁, 듣기와 독해를 동시에 풀어라!

듣기 훈련을 반복해 안정적으로 만점을 받는 수준이 되었다면 그다음에는 무엇을 공부해야 할까? 듣기 문제를 풀며 동시에 독해 문제를 푸는 훈련을 해야 한다. 수능 시험은 시험이 시작되자마자 1번부터 17번까지 듣기 시험을 먼저 진행한 뒤, 남은 시간 동안 독해 문제를 풀도록 구성된다. 그런데 듣기 시험 특성상 문제를 풀며 버려지는 시간이 꽤 많이 발생한다. 따라서 이 시간만 잘 활용해도 뒤의 독해 문제를 여유롭게 풀 수 있는 시간을 더 확보할 수 있다. 지금부터 시간을 절약하면서 영어 3등급을 받을 수 있는 꿀팁을 소개한다.

듣기-독해 콤보 풀이 ✨

시험지만 잘 접어도 시험 시간을 벌 수 있다!

앞서 설명한 대로 듣기 시험 중 빠르게 처리할 수 있는 독해 문제를 풀어두면 뒤에 등장하는 어려운 지문의 문제를 좀 더 여유롭게 풀 수 있다.

물론 이는 듣기 시험 대비가 이미 완벽한 학생들을 위한 꿀팁이다. 듣기 실력조차 제대로 갖추지 못한 상태에서 이 방식을 섣불리 활용했다가는 그 어느 영역에도 집중하지 못하고 시간만 버리게 될 수 있다. 그러니 반드시 본인의 실력을 명확히 파악한 뒤 시도하라.

① 시험지를 받으면 우선 문제지의 표지는 버리고, 남은 문제지는 모두 낱장으로 분리한다.

② 안쪽에 위치한 문제지는 뒤집어 세로로 접는다. 그럼 4페이지가 맨 앞에 위치하는데 이 시험지를 듣기 시험 페이지와 나란히 둔다.

특히 듣기 1~2번 문제는 반드시 집중해 정답을 맞혀야 한다. 1~2번은 매우 쉬운 난도임에도 집중하지 못해 놓치는 경우가 많으니 특별히 주의하자.

③ 듣기 문제를 풀며 시간 여유가 생기면 앞서 접어둔 4페이지의 독해 문제를 푼다. 4페이지에는 비교적 난도가 낮은 도표

문제나 지문의 연속성이 없는 단독 문제가 많이 출제된다. 따라서 듣기를 들으며 단독으로 하나씩 풀어나가는 데 적합하다. 3번부터 11번까지 듣기 한 페이지가 끝나기 전에 접어둔 4페이지의 독해 문제 25~29번까지 푸는 것이 적당하다.

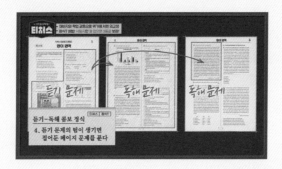

④ 듣기 문제가 2페이지로 넘어가고, 앞서 접어둔 독해 문제를 속도에 맞춰 잘 풀었다면 듣기가 나오는 동안 듣기 옆 위치한 독해 문제를 풀 수 있다. 듣기 옆에 출제된 독해 문제 역시 그리 어렵지 않은 문제들이기 때문에 듣기와 동시에 풀 수 있어야 한다.

⑤ 듣기 마지막 문제인 16~17번은 총 두 번을 반복해 들려주는데, 이때 독해 43~45번을 푼다. 대부분의 학생이 첫 번째 듣기를 들었을 때 정답을 체크할 수 있기 때문에 두 번째 듣기 시간에 독해 문제를 푸는 것이다.

이때 43~45번 문제를 푸는 이유는 이 문제들이 거의 유일하게 스토리텔링형 문제로, 지문의 길이가 길어도 난도는 높지 않아 듣기 문제를 들으면서도 쉽게 집중해 정답을 맞힐 수 있기 때문이다.

이렇게 하면 듣기 17문항을 풀면서 독해 11문항을 동시에 풀 수 있다. 만약 듣기에서 만점을 받고 독해 11문항까지 모두 정답을 맞힌다면 최소 3등급은 받을 수 있다.

3부

한 번은 반드시
명심해야 할 이야기

5장

이것만 알아도
수험이 달라진다

내 아이에게 맞는
고등학교는 어디?

★ ★ ★ ★ ★

특목고/자사고가 뭔가요?

최근 면학 분위기에 대한 중요성이 더욱 커지면서 자녀를 특목
고나 자사고에 진학시키기를 바라는 부모가 많다. 그런데 도대체
자사고와 특목고는 일반 고등학교와 무엇이 다를까? 이 학교들이
우리 아이와 잘 맞을까? 또 이러한 학교에 입학하는 것이 성공적
인 입시에 도움이 될까?

먼저 자사고는 '자율형 사립고등학교'의 약자로, 정부로부터 재
정적 지원을 받지 않기 때문에 교육과정 운영에서 많은 자율성을

갖고 특성화된 교육 프로그램을 제공한다. 일반적으로 우수한 학생들을 모집하여 학업 성취도를 높이고 다양한 교육 기회를 제공하여 학생들의 전인적 성장을 도모하는 것이 목표다. 이 때문에 자사고는 일반고에 비해 입학 경쟁률이 높으며 교육비 또한 비싼 편이다. 그럼에도 국내외 명문 대학에 진학하는 자사고 졸업생의 비율이 매우 높기 때문에 학생과 학부모 모두에게 인기 있다.

특히 최근 내신 제도가 개편되고 학점제가 시행되면서 자사고에 진학하는 것이 대입에 더 유리해진 것은 부정할 수 없을 듯하다. 2025년부터 고등학교에서는 절대평가와 상대평가가 함께 적용되는 새로운 평가 체계가 도입될 예정인데, 절대평가는 A부터 E까지 다섯 등급으로 나뉘며 절대 기준에 따라 점수를 부여한다. 이에 따라 많은 학생이 높은 점수를 받을 수 있어 경쟁이 완화되며, 창의성, 비판적 사고, 문제 해결 능력을 배양하는 데 중점을 둘 수 있다.

그리고 이러한 절대평가 체계에서는 자사고가 더 유리해질 수 있다. 학업 수준이 높은 학생들이 많이 모여 있어서 절대평가를 통해 성적이 고르게 높아질 가능성이 크기 때문이다. 또 자사고의 다양한 교육 프로그램과 우수한 교육 환경으로 더 나은 학습 성과를 낼 수도 있다. 물론 자사고 내에서의 경쟁은 더 심해질 수 있으나 많은 부모님이 어려운 목표를 통해 더 심화한 학구열을 기대하는 것이 사실이다.

그렇다면 자사고 입시는 어떻게 이루어질까? 보통 자사고 입시는 두 단계로 구성된다. 첫 번째 단계에서는 학생들의 중학교 교과 성적과 출결 상황을 평가한다. 이때 학교마다 약간의 차이가 있을 수 있지만 일반적으로 교과 성적이 큰 비중을 차지한다. 두 번째 단계에서는 면접, 서류 평가, 체력 검사 등이 포함된다. 면접에서는 창의 융합 능력, 인성, 독서 활동 등을 평가하고자 한다.

특목고는 '특수 목적 고등학교'의 줄임말로 특정한 교육 목표와 목적을 가지고 설립된 고등학교를 말한다. 이 학교들은 특정 분야의 전문 인재를 양성하기 위해 설립되었기에, 일반 고등학교와는 다른 특화된 교육과정을 운영한다. 특목고에는 과학고등학교, 외국어고등학교, 국제고등학교, 예술고등학교 등이 포함된다.

특목고의 입학 전형 역시 일반 고등학교와는 다르다. 먼저 서류 전형으로 학교 성적과 자기소개서, 추천서 등을 작성해 1차 평가를 치른다. 그다음 면접이나 실기 시험을 통해 학교에서 요구하는 특정 분야의 능력을 평가한다. 두 과정의 결과를 모두 종합해 최종 합격자를 선발한다.

특목고/자사고를 선호하는 이유

그렇다면 이렇듯 입학이 까다로운 자사고와 특목고에 학생들이 몰리는 이유는 무엇일까? 왜 학생들은 이러한 학교에 진학하기를 선호하는 것일까?

사실 자사고와 특목고의 가장 큰 강점은 학교의 면학 분위기다. 이곳에서는 모의고사 1~2등급이 대부분인 학생들이 한 공간에서 공부하기 때문에 공부를 열심히 하지 않는 모습이 오히려 어색하다. 이런 학교에 진학하는 것만으로도 자연스럽게 학습 분위기가 잡히고, 덩달아 공부를 열심히 하게 될 가능성이 크다.

더 멀리는 고등학교의 인맥을 무시할 수 없다고 생각하는 부모도 많다. 학습 분위기가 좋은 곳에서 명문대 진학률이 높은 것은 당연하고, 명문대를 졸업한 친구들이 사회적으로 성공할 가능성도 크며, 그렇게 쌓인 인맥을 꾸준히 유지하는 것도 중요하다고 생각하는 것이다.

물론 일리 있는 말이다. 하지만 모든 일은 일장일단이 있듯, 이 또한 그러하다. 우수한 학생들이 모여 훌륭한 면학 분위기를 자랑하지만, 그만큼 치열한 경쟁을 치러야 좋은 내신 성적을 얻을 수 있다. 실제로 이러한 내신 경쟁에 밀려 어쩔 수 없이 일반고로 전학을 가는 학생이 발생하기도 한다.

현재 외고에 다니고 있는 은서도 일반고 전학을 고민하고 있다. 고등학교 2학년인 은서는 중학교 때 내신 200점 만점에 180점이 넘는 성적을 받아 상위권에 속했지만 외고 진학 후 영어 성적이 급격히 하락했다. 현재 외고에 다니고 있지만 사실 은서는 영어를 그다지 좋아하지 않는다. 외고생이라면 영어 듣기 문제를 틀리는 경우가 거의 없는데 은서는 듣기마저 틀린다. 전국 정답률이 80%에 이르는 문제를 틀린다는 것은 은서가 당연히 맞혀야 하는 쉬운 문제마저 놓치고 있다는 뜻이다. 당연히 영어 모의고사 성적은 100점 만점에 66점, 4등급이다. 외고에서 이 점수는 바닥인 수준이다. 사실 다른 과목도 마찬가지다. 전체적인 모의고사 성적이 하향세를 보이고 있다. 저번 모의고사 때는 수학 시험 시간에 졸다가 빈 답지를 제출하기까지 했다. 당연히 0점이었고 9등급을 받았다. 수학을 포기하는 단계다.

결국 은서는 정시를 포기하고 수시에 집중하기로 했다. 외고 특성상 수시 입시에 유리하기 때문이다. 그러나 외고라고 해도 수시 입학을 100% 보장할 수는 없다. 게다가 외고에서는 등수별 성적 격차가 별로 없어서 내신 점수를 따기도 쉽지 않다. 은서는 최후의 선택으로 일반고 전학을 고민 중이다. 지금이라도 일반고로 전학을 가 내신이라도 챙기는 것이 나을까?

특목고/자사고가 누구에게나 정답은 아니다

이처럼 특목고나 자사고가 무조건 일반고보다 좋다고 보기는 어렵다. 어느 학교나 장단점이 있기 마련이다. 그러니 아이의 성향이나 장단점을 파악한 뒤 신중하게 진학을 고민해야 한다.

특목고나 자사고는 모두 높은 수준의 교육을 제공한다. 국제고와 외고는 외국어 교육에 집중하며, 과학고는 과학 및 수학 교육에 특화되어 있다. 또 심화학습과 비교과 활동, 동아리 활동 등을 통해 다양한 학문 분야와 활동을 경험할 기회를 가진다. 이러한 심화 교육 활동을 바탕으로 높은 대학 진학률을 자랑하는 것이 특목고와 자사고가 갖는 가장 큰 장점이다.

하지만 높은 학비와 학업 스트레스는 피할 수 없다. 학교 내에서도 높은 학업 성취를 요구하며 경쟁이 매우 치열하다. 중학생때까지만 해도 상위권에 속해 공부를 잘한다고 칭찬받던 아이들은 고등학교 진학 후 생각보다 낮은 학업 성적에 스트레스를 받고 심지어는 공부 자체를 힘들어할 수 있다. 은서 같은 경우가 이에 해당한다. 게다가 교내에서 진행하는 여러 프로그램을 대비하고 준비하는 데 생각보다 많은 시간을 할애해야 할 수도 있다. 이를 따라잡기 위해 사교육에 의존하는 경우도 많다.

반면 일반고는 대체로 교육 자원이 한정적이고 일반적인 교육 과정을 따르기 때문에 특목고나 자사고에 비해 비교과 활동이 제한적일 수 있다. 대학 진학률도 상대적으로 낮다. 하지만 일부 일반고에서는 특성화된 프로그램을 운영하기도 하고, 또 일반고에서도 우수한 성과를 내는 학생도 많다. 게다가 공립인 경우 학비가 상대적으로 저렴하며, 교내 경쟁도 비교적 치열하지 않다. 입시 준비의 부담도 덜하다는 장점이 있다.

이처럼 학교마다 뚜렷한 장단점이 있기에 특목고, 자사고가 누구에게나 적용되는 정답이라 할 수는 없다. 무엇보다 내 아이의 성향과 상황을 정확히 파악하는 것이 중요하다. 그래야 더욱 성공적으로 입시를 치를 수 있다.

'정시 파이터'라는
허상

★ ★ ★ ★ ★

생존형 정시 파이터 vs 선택형 정시 파이터

고3인 완규는 입시 상담 중 내신 성적이 낮아서 원하는 대학에 수시 지원이 힘들다는 얘기를 들었다. 완규의 내신 평균 등급이 4.1 정도였기 때문이다. 앞으로 최선을 다해 모든 과목에서 1등급을 받아도 최대 2등급 후반까지 끌어올릴 수 있는 상황이었다. 상담을 마치고 완규는 이미 망한 내신에 힘을 쏟는 대신 정시에 모든 노력과 시간을 투자하겠다고 결심했다. 수시를 포기하고 1년도 안 남은 수능 준비에 모든 시간을 올인하기로 한 것이다.

요즘 완규와 같은 학생을 일컫는 말이 있으니 바로 '정시 파이터'다. 수시라는 선택권은 아예 배제하고 오로지 수능을 통해 대학에 진학하려는 학생들이다. 그런데 정시 파이터라고 해서 모두 다 똑같은 것은 아니다. 정시 파이터도 '선택형'과 '생존형'으로 갈린다. 선택형은 내신 성적도 나쁘지 않지만 모의고사 성적이 월등히 높아 전략적으로 정시를 선택한 학생들이다. 하지만 완규처럼 내신을 망쳐서 어쩔 수 없이 정시에 올인하는 것 외에는 다른 선택권이 없는 경우, 생존형 정시 파이터에 속한다.

　사실 '선택형' 정시 파이터, 즉 전략적으로 정시를 택하는 학생은 정말 극소수다. 대부분은 내신이 좋지 않기 때문에 어쩔 수 없이 수시를 포기하고 정시에 집중한다. 하지만 정시는 정말 좁은 문이다. 높은 수능 점수로 역전을 꿈꾸지만, 수시보다 훨씬 어려운 것이 정시다. 게다가 정시 파이터들에게는 정말 막강한 또 다른 경쟁 상대가 있다. 소위 '입시 고인물'이라 불리는 N수생들이다.

　그러면 완규처럼 정시 파이터를 선언한 아이들은 공부를 열심히 할까? 완규는 학교와 학원 시간을 제외한 나머지 시간은 모두 게임하는 데 쓴다. 게임 도구는 핸드폰과 컴퓨터를 가리지 않는다. 금요일에는 새벽 2~3시까지 게임을 이어가다 다음 날 점심때가 되어서야 느지막이 일어난다. 정시만을 고집하지 않을 때는 내신과 모의고사 성적을 유지하려 노력하는 모습도 보였으나, 정시를 목표로 한 후 내신을 놓아버리니 공부 패턴이 완전히 망가져 버렸다.

이처럼 '정시 파이터'라는 이름에 숨어 실제로는 공부를 게을리하는 학생들이 많은 것이 현실이다. 대학은 가고 싶지만 공부는 하기 싫은 전형적인 회피형이다. 결국 이런 생존형 정시 파이터는 합법적으로 내신 공부를 하지 않아도 된다는 명분을 내걸고 마치 패자부활전 같은 개념이 되어버린 정시에 임한다.

아래는 이른바 '허수' 정시 파이터들의 특징을 정리한 것이다. 만약 정시를 목표로 했다면 본인이 이런 특징을 가지고 있지는 않은지 확인해 보자.

허수 정시 파이터의 특징

① 쓸데없는 정보를 검색한다.

인터넷에 '정시 파이터'를 검색하면 수험생 커뮤니티 등에서 굉장히 다양한 이야기와 정보를 얻을 수 있다. 그런데 사실 따지고 보면 이러한 정보는 결국 입시에 실패한 사람들의 충고에 불과하다. 그들의 실패담을 귀담아듣는 것이 나의 입시에 도움이 될 리 만무하다.

② 보지도 않는 인강에 등록한다.

진작에 스타 강사들의 인터넷 강의 패스권을 등록해 두었지만 완강률은 0%다. 언제든 들을 수 있다고 생각하며 도무지 듣지 않는다. 수업은 듣지 않으면서 강사들은 거의 종교처럼 신뢰한다. 교재도 1년 치를 한꺼번에 사둔다. 그런 행동들로 스스로 입시를 위해 노력하고 있다고 위안 삼는 것이다. 하지만 이러한 태도는 인생을 망치게 하는 지름길이다.

③ 학교 수업을 등한시한다.

밤늦게까지 학원 수업을 듣는다고 정작 학교 수업 시간에는 모자란 잠을 자는 학생들이 있다. 하지만 이는 명백히 주객이 전도된 상황이다. 학교 선생님들, 특히 서울에 있는 학교의 선생님들은 대부분 우리가 목표로 하는 명문 사범대 출신의 수재들이다. 도대체 왜 누구보다 많은 학습 노하우와 입시 정보를 알고 있는 학교 선생님들의 귀한 가르침을 등한시하는가?

수능과 내신은 별개가 아니다

정시를 목표로 한 이들에게는 1년에 딱 한 번, 수능이라는 단 한 번의 기회만이 존재한다. 그 기회를 놓치면 꼼짝없이 재수를 해야 한다. 그런데 의외로 재수를 선택하는 학생 중에는 대학 입시가 불가능할 정도로 낮은 수능 점수를 받는 경우가 드물다. 그보다는 한두 문제만 더 맞혔다면 원하는 대학에 입학할 수 있었을 것이라는 안타까움에 재수를 선택하는 경우가 더 많다. 평소에 잘하다가 결국 내 목표보다 조금 낮은 대학에 가게 되니 미련이 남는 것이다. 하지만 이런 경우라도 재수 성공률이 높다고는 할 수 없다. 아쉬움이 해소되지 않아 결국 장수생의 길로 접어드는 경우가 더 많다. 그만큼 이른바 수능 성공, 수능 대박의 가능성은 희박하다.

그러니 수시가 가능한 현역의 경우 본인에게 주어진 입시 기회를 최대한 활용해 다양한 가능성을 열어두어야 한다. 현역이라면 아주 특수한 경우를 제외하고 수시와 정시를 다 준비하는 것이 맞다. 내신이 좋아서 수시 전망이 좋아도, 정시로 더 좋은 대학에 갈 가능성이 조금이라도 있으면 둘 다 대비해야 한다.

많은 학생이 수능과 내신을 별개의 시험이라고 착각하지만 절대 그렇지 않다. 영어만 해도 그렇다. 교과서와 학교에서 지급되는 부교재의 지문을 많이 외워놓으면 수능 문장도 쉽게 읽힌다. 어차피 영어의 문장 구조는 동일하므로 교과서의 지문을 공부하는 과정에서 다시 한번 학습할 수 있다.

실제로 모의고사 성적은 잘 나오지만 내신 성적이 낮은 A 학생과 내신은 1등급이지만 모의고사는 3등급인 B 학생이 있다면, 내신에서 높은 점수를 받던 B 학생이 수능에서 높은 점수를 받을 확률이 더 크다. 반면 내신 관리를 하지 않은 A학생은 수능 영어에서 2등급 정도로 마무리하는 경우가 압도적으로 많다.

이러한 결과에는 여러 이유가 있을 수 있지만 무엇보다 태도와 기본기에서 그 원인을 찾을 수 있다. 내신을 탄탄하게 준비하는 친구들은 비단 시험 때뿐만이 아니라 평소에도 부지런하고 성실하게 공부하는 친구들이 많다. 이러한 시간이 꾸준히 쌓이니 수능에서도 결국 좋은 결과를 얻는다.

반면 이른바 모의고사 올인, 정시 파이터 친구들은 내신 준비는 필요 없다고 생각하며 현재의 노력을 게을리하는 경우가 많다. 평소 생활 패턴이 흐트러지니 공부 습관 또한 제대로 잡히기 어렵고, 자연스레 정시를 준비하는 학습 시간마저 위협받는다. 그저 내신을 포기했을 뿐인데 정시까지 흔들리는 것이다.

정식쌤

"정시 파이터는 결국 노력을 게을리하고 현실에서 도망치고 싶은 것입니다. 그런데 한번 도망치면 계속 도망치게 됩니다."

정시라는 좁은 구멍으로 도망치는 것을 멈추라. 그리고 현재 나의 수준이 어떻든 냉정하게 현실을 직시하라. 그다음 내가 지금 할 수 있는 일들을 성실하게 해나가야 한다. 그런 태도와 마음가짐이 분명 훨씬 더 좋은 결과를 가져올 유일한 방법이다.

행복하게
공부할 수 있을까?

★ ★ ★ ★ ★

학업 스트레스로 우울해진 아이들

열심히 공부하지만 기대만큼 성적이 나오지 않는 것처럼 괴로운 일이 있을까. 평소 잘하다가도 한번 시험을 망치고 나면 그 여파로 다음 시험이 두려워지고 엄청난 압박감에 시달리기도 한다. 하루 종일 공부하고 밤늦게까지 숙제를 해도 성적은 계속 제자리. 친구들도 다들 열심이고 학업량도 많다 보니 조바심에 쫓겨 더 힘들다. 다 내려놓고 싶은 아이에겐 하루하루가 막막하기만 하다. 이런 불안과 압박감에 시달리다 보면 '즐거운 일이 하나도 없다'라는 생각이 든다. 이런 고민이 심해지니 만성 우울증에 시달리는 아이들도 생긴다.

부모라면 누구나 우리 아이들이 행복하기를 바란다. 아이에게 열심히 공부하라 이야기하고 좋은 성적을 기대하는 것 역시 궁극적으로는 아이의 행복을 바라기 때문이다. 그런데 그 공부가 아이를 힘들게 하고, 심지어 우울감에 괴로워할 정도가 된다면 이는 명백히 주객이 전도된 상황이다.

우리의 소중한 아이들이 이렇게 괴로운 상황에 처한 이유를 한두 가지만으로 설명하긴 어렵다. 다만 2022년 유기홍 더불어민주당 국회의원과 사교육걱정없는세상이 17개 시도교육청의 초·중·일반고교별 무선표집, 영재·특목·자사고는 전수로 표본을 추출해 초6, 중3, 고3 학생 5176명과 학부모 1859명을 대상으로 설문을 실시한 바 있는데 결과가 매우 놀라웠다. 전국 초·중·고등학생 네 명 중 한 명이 학업 성적으로 인한 불안과 우울감으로 자해·자살을 생각한 것으로 나타났다. 실로 충격적인 비율이 아닐 수 없다. 우리 아이들이 더욱 즐겁고 행복하게 학업을 이어나갈 수 있는 방법은 정녕 없는 것일까?

자퇴해도 혼자 잘할 수 있을까?

　최근에는 이와 같은 학업 스트레스를 견디다 못해 자퇴를 선택하는 아이들의 비율이 부쩍 늘었다. 2022년 자료에 따르면 초등학교, 중학교, 고등학교 학생들의 자퇴율은 1%로 전년도보다 0.2% 증가했음을 알 수 있으며, 특히 고등학생의 자퇴율은 2020년 1.1%에서 2022년 1.9%로 계속 증가하고 있다. 그런데 학교를 그만둔다고 해서 모든 문제가 해결될까?

　기대와 달리, 오히려 학교를 다닐 때보다 더 어려운 상황을 맞이하는 경우도 많다. 학교를 자퇴한 뒤에는 혼자서 학업을 이어나가기 위해 아이들이 모든 과정을 홀로 정리하고 끌고 나가야 한다. 당연한 이야기지만 스스로에게 동기를 부여하고 목표를 향해 공부를 해나가는 것은 결코 쉬운 일이 아니다. 어른들도 운동이나 다이어트를 꾸준히 하기 어려워하는데 아이들은 오죽하겠는가. 더군다나 재미있는 것도, 유혹도 많은 세상에서 학교나 학원의 도움 없이 혼자 공부하는 것은 더 어렵다.

　성재도 그런 상황에 빠진 아이 중 하나다. 성재는 고등학교 1학년 1학기 중간고사에서 전교 1등을 할 정도로 학업 성적이 뛰어났지만, 그 후 돌연 자퇴를 선언하고 검정고시를 준비 중이다. 왜 이런 선택을 했을까? 고등학교 입학 후 첫 시험에서 전교 1등을 하자 선생님들의 기대와 친구들의 관심이 온통 성재에게 쏟아졌다. "성재는 모범생이지", "성재는 공부 잘하니까 당연히 다 알겠지"라는 시선과 말들에 부담감이 크게 밀려왔다.

그 탓인지 바로 다음 기말고사부터 성재는 공부에 소홀해지기 시작했다. 거의 1년의 학습 공백이 생겼다. 이미 최고 점수를 받아봤으니 1등이 아니면 의미가 없다는 생각에 노력을 멈추고 지레 회피한 부분도 있다. 하지만 결국 성재는 고등학교 2학년 1학기에 자퇴를 선택했다. 학업 스트레스로 인한 우울증으로 병원에서 치료도 받고 있다. 학교를 그만뒀다고 해서 학업까지 중단할 수는 없으니 1년 후 4월 검정고시를 치르고 11월에 수능을 볼 계획이다.

성재처럼 학교에 다니는 것이 고통스럽고 압박으로 다가온다면 학교를 그만두고 혼자 공부하는 것이 더 나은 선택일 수 있다. 학교에서 불필요한 스트레스나 압박감을 받지 않고 심리적으로 더 안정된 상태에서 공부에 집중할 수 있기 때문이다. 이는 자존감 향상과 더 나은 학습 결과로 이어질 수도 있다.

하지만 단점도 있다. 학교 스트레스에서는 벗어났지만 동시에 또래 친구들과 다른 상황에 외로움을 느끼기도 한다. 성재 역시 일상에서도 학업에서도 혼자 동떨어진 기분이 든다. 더 큰 문제는 생활 습관이 무너졌다는 점이다. 학교에 다닐 때는 아침 일찍 일어나서 밤에 자는 게 당연했고, 그게 자신의 습관인 줄 알았다. 그런데 학교를 그만두자 일주일도 안 되어 밤낮이 바뀌어버렸다. 스마트폰 사용 시간은 하루 11~12시간이나 된다. 친구들이나 선생님 없이 혼자 공부하는 것 역시 쉽지는 않다.

최근 학생들 사이에서는 자퇴가 새로운 입시 전략이자 트렌드로 떠올랐다. 특히 극상위권 학생들 사이에서는 잔류파와 자퇴파로 나뉠 정도로 흔한 일이 되었다. 극상위권 아이 중 내신 전형으로도 충분히 명문대에 입학할 수 있는 아이는 학교에 잔류하기를 선택하지만, 내신 성적을 아예 지우고 정시에만 올인하려는 아이는 자퇴를 택한다. 본인의 학습 스타일과 속도에 맞춰 공부하고, 학교 일정에 구애받지 않고 필요한 과목에 집중할 수 있기 때문이다. 무엇이 정답이라 쉽게 말할 수 없는 상황이다.

하지만 한 가지 분명한 것은 자퇴가 능사는 아니라는 점이다. 자퇴를 선택하기 전, 학교라는 공간이 어떤 곳인지 다시 한번 생각해 봐야 한다. 학교는 단순히 입시나 공부만을 위한 곳이 아니다. 다양한 사회적 기술을 배우는 공간이기도 하다. 그 또한 인생을 살아가는 데 매우 중요한 덕목이다. 자퇴 후 친구들과 상호작용할 수 있는 기회가 줄어 대인관계에 어려움을 겪을 수도 있다.

무엇보다 자퇴 후 가장 큰 단점은 자기 관리가 어렵다는 점이다. 혼자 공부할 때는 자기 관리를 더 철저히 해야 한다. 그런데 스스로 동기부여를 하면서 자기 생활도 관리할 수 있는 학생은 그리 많지 않다. 스스로 동기부여를 하거나 일정을 관리하는 것이 어려운 경우 학습 효율이 떨어질 수 있다는 점을 충분히 고려해야 한다.

입시 실패가 인생의 실패는 아니다

이런저런 가능성으로 고민이 큰 우리 아이에게 부모들은 어떤 도움을 줄 수 있을까? 부모들은 아이가 원하는 성적을 얻고 대학에 진학해 간절히 바라던 꿈을 펼치기를 원하면서도, 그 과정에서 원치 않는 압박감과 부담을 느낄까 봐 두려워한다. 이미 길고 긴 입시 과정에 지치고 힘든 아이들의 마음을 부모님이 보듬어줄 수 있을까? 우리 아이에게 어떤 이야기를 해줘야 할까?

정식쌤

"지금 너는 공부라는 마라톤에서는 꼴찌에 가까워. 그런데 인생이라는 마라톤에서는 방향만 바꿔도, 꼴찌였던 사람이 사실은 1등이었던 걸 수도 있잖아. 자신을 너무 한 방향으로만 몰아세우지 않았으면 좋겠다."

입시는 목적이 아니라 수단이다. 학벌은 분명 좋은 메리트이자 훌륭한 보조자가 되어줄 수 있다. 20대나 30대 초반, 무언가 새로운 일을 시작할 때 좋은 학벌이 더 많은 기회를 주기도 한다. 그러나 거기까지일 뿐, 그 이후에는 내가 얼마나 노력하고 어떻게 하느냐에 따라 모든 것이 달라진다.

좋은 학벌을 얻었다고 인생이 완전히 달라지고 영원히 행복해지는 건 아니다. 좋은 대학에 간다고 해서 무조건 사회에서 성공하는 것도 아니다. 아마 이는 우리 부모님들이 가장 잘 아는 사실이 아닐까. 공부를 열심히 하는 이유에 대해 아이와 함께 충분한 대화를 나누는 것도 중요하다. 공부의 목적이 좋은 학벌을 위해서만이 아님을 아이와 함께 공유하자.

송재쌤

"성공한 사람들을 보면 계속 성공만 경험한 경우는 없어요. 그런데 요즘 친구들은 단 한 번의 실패도 큰일 나는 줄 알아요.

한 걸음만 떨어져 보면, 조금 시간이 지나서 되돌아보면 실패도 그저 추억이 될 수 있습니다. 무조건 성적이 잘 나와야 하고, 안 되면 재수해야 하고… 이런 공식대로 인생이 펼쳐지지 않는다는 걸 어른들이 가르쳐줘야 합니다."

학생 때는 수능이 인생을 좌우할 것 같고 낮은 수능 점수가 평생 동안 따라다닐 것 같은 기분이 들기도 한다. 수능이 인생의 전부가 되기 쉽다. 하지만 이는 결코 사실이 아니다. 결과가 어떻든 과정이 중요하다.

힘들었던 경험도 인생의 자양분이 되어줄 수 있다. 원하는 목표를 향해 최선을 다한 경험과 노력은 인생을 살아가는 데 필요한 근육이 되고 평생의 자산이 될 것이다. 어떤 결과든 그 결과를 딛고 일어설 나만의 추진력을 갖는다면 얼마든지 많은 기회와 가능성이 열려 있다.

입시에 성공한다고 엄청난 행복이 기다리는 것도 아니고, 반대로 입시에 실패한다고 불행해지는 것도 아니다. 입시가 끝나도 인생은 계속된다. 우리는 항상 과정에 있을 뿐이며 결국 그 과정을 즐기는 사람이 이긴다.

공부 자존감을
키워라

★ ★ ★ ★ ★

내가 할 수 있을까?

중학교 때 주요 과목 점수에서 모두 A를 받았던 진우는 고등학교에 진학한 이후 성적이 떨어지기 시작했다. 중학교 때보다 더 많이 노력하고 열심히 공부하는데 왜인지 단 한 번도 중학교 때만큼 성적이 올라주지 않는다. 반면 주변 친구들은 고등학교에 진학해서도 여전히 상위권을 유지 중이다. 상대적으로 나만 못하는 것처럼 느껴지고 위축된다. 끝도 없이 자존감이 추락하는 것 같다. 고등학교에 진학한 다음에도 학교 진도에 맞춰서 공부하면 된다고 생각했는데 큰 착각이었던 듯하다. 알고 보니 다른 친구들은 이미 학원에서 여러 번 고등학교 과정의 선행을 마친 상태였다. 내가 한 문제를 풀 때 다른 아이들은 세 문제씩 푸는 모습을 보니, 확연한 실력 차이에 자신감과 자존감마저 떨어졌다.

한편 용우는 고입을 1년 앞둔 현재 자사고를 준비 중이다. 부모님이 자사고 진학을 강력하게 권했기 때문이다. 부모님의 기대를 저버릴 수는 없어서 싫다고 말하지 못했다. 용우는 자사고 입시를 위해 월, 수, 금은 수학 학원에서 밤 10시까지, 화, 목은 영어 학원에서 밤 10시까지 공부한다. 토요일에는 1시부터 4시까지 과학 학원에 간다. 학원이 끝나고 집에 오면 새벽까지 학원 숙제를 하다가 3시쯤 잠드는 것이 일상이 되었다. 깜빡 잠이 들어 숙제를 못하는 날에는 온종일 스스로를 자책하곤 한다.

그런데 사실 학원에서 내주는 숙제는 말 그대로 어마어마하게 분량이 많다. 수학은 하루에 80문제, 심지어 고등학교 과정의 어려운 문제를 숙제로 내준다. 숙제를 안 해오는 친구들도 물론 있겠지만 숙제를 끝내지 못한 게 창피하고 용납이 안 되어서 스스로를 몰아붙이는 친구들이 더 많다. 용우 역시 그런 친구 중 하나다.

이렇게 노력하지만 용우는 너무 불안하다. 지금 성적은 상위권에 속하긴 하지만 극상위권은 아니기 때문이다. 그런데 자사고에 가려면 전교 1등을 해야 한다. 생활기록부와 내신 역시 자사고에 진학하기에는 다소 빈약해 보인다. 자사고를 목표로 하고 나니 생각보다 낮은 자신의 성적에 절망하게 되고, 앞으로의 미래가 더 불안하게 느껴져 용우의 자신감은 점점 더 떨어지기만 한다.

자사고에 진학한 후에는 성적도 성적이지만 치열한 경쟁에 대비하기 위해 튼튼한 멘탈도 중요하다. 그런데 용우처럼 불안한 마음만 가득한 상태에서는 설령 자사고에 합격한다 해도 이후 생활이 위태로울 수 있다. 경쟁이 극심한 수험 생활에서 살아남으려면, 어쩌면 성적보다 공부 자존감을 높이는 게 더 중요할 수 있다.

공부 자존감이란

자존감이 대한민국의 주요 키워드로 부상한 이후, 최근에는 '공부 자존감'이라는 말도 자주 등장한다. 공부 자존감이 학습 성과는 물론이고 학생의 동기부여와 학업 성취도, 전반적인 학습 태도에까지 주요한 영향을 미친다는 것이다. 이런 얘기를 들으면 도대체 그것이 무엇인지 제대로 알고 당장 실천하고 싶다.

낯선 용어 탓에 완전히 새로운 개념이라 생각할 수도 있지만, 사실 공부 자존감이란 개인이 학습 과정에서 느끼는 자신감과 자기효능감을 의미한다. 공부 자존감은 다음과 같은 요소들로 구성된다.

- **자기효능감**: 학습 과제를 성공적으로 수행할 수 있는 자신의 능력에 대한 믿음. 어려운 문제를 해결하고 새로운 개념을 이해할 때 더 자신감을 가지고 도전한다.
- **자기존중감**: 자신의 가치를 인정하고 존중하는 마음가짐. 실패나 실수를 개인적인 결함으로 여기지 않고, 학습의 과정 중 하나로 받아들인다.
- **목표 설정과 성취**: 명확하고 도전적인 목표를 설정하고 이를 달성하기 위해 노력하는 능력. 현실적이고 도달 가능한 목표를 설정하고 이를 이루는 경험은 자존감을 높이는 데 도움이 된다.
- **자기조절**: 자신의 학습 과정을 계획, 모니터링, 조정하는 능력. 자기조절 능력이 뛰어난 학생은 목표를 달성하기 위해 체계적으로 학습하고, 문제를 해결하는 데 자신감을 갖는다.

- **동기부여:** 학습에 대한 동기가 강한 학생은 학습 자체에 의미를 둔다.

정식쌤

"자존감은 '근거'와는 상관이 없습니다. 지금 내 성적이 나빠도 내 학습 능력과 회복탄력성을 믿는 힘이 자존감입니다. 당장의 성과가 없어도 나를 믿는 힘이 중요해요."

자신감의 근거가 눈앞의 성적밖에 없다면? 성적으로 자신의 가치를 평가하고 자신감을 채운 학생은 극심한 경쟁 상황에서 어떻게 될까? 상위권 학생들만 모인 자사고 같은 곳에서는 뛰어난 아이들끼리 경쟁하기 때문에 기대만큼 성적이 나오지 않을 수도 있다. 이때 성적으로 자신의 자신감을 채우던 학생은 떨어진 성적만큼이나 자존감도 꺾여버린다. 성에 차지 않는 성적표를 보며 '내가 이거밖에 안 되는 사람이었어?'라는 생각을 하는 것이다.

물론 스스로의 모습에서 빠르게 자신감을 회복한다면 더할 나위 없겠지만, 아직 여러 경험이 부족한 어린 학생에게서 이러한 빠른 성장을 기대하는 것은 현실적으로 어렵다. 그러니 만약 공부 자존감이 낮은 학생이라면 차라리 경쟁이 치열하지 않은 일반고에 진학하는 편이 낫다. 본인의 실력에 맞는 학업 성취도와 주변의 평가를 통해 계속해서 자신감을 유지하고 거기서 공부의 동기부여를 찾을 수 있기 때문이다.

스스로 멘탈이 유독 약하다고 말하는 학생들도 있다. 그런데 이런 친구들은 크게 두 종류로 나누어 살펴보아야 한다. 첫 번째는 실제로 멘탈이 정말 약한 유형이다. 이 경우에는 상처받지 않고 스스로를 돌볼 수 있는 환경을 찾아 안정적으로 유지하며 꾸준히 노력하는 것이 중요하다.

그런데 두 번째 유형은 조금 다르다. 이른바 '약한 멘탈'을 핑계로 삼는 유형이다. 본인이 노력하지 않아 성적이 잘 나오지 않은 것임에도, 어떤 문제가 발생하든 자신의 멘탈을 탓하며 멘탈을 만능 방패로 삼는 것이다.

스스로 멘탈이 약하다고 생각한다면 둘 중 어떤 유형에 속하는지 정확하게 판단해 봐야 한다. 본인이 첫 번째 유형에 해당한다면 공부 자존감을 채우기 위해 꾸준히 노력해야 한다. 특히 긍정적인 학습 환경을 조성하는 게 좋다. 부모님과 주변의 지속적인 격려와 지지도 필요하다. 이를 통해 학생의 자존감을 높이고 학습 과정에서의 스트레스도 줄일 수 있다.

만약 본인이 두 번째 유형에 가깝다면 스스로에게 솔직해지는 것이 가장 최우선이다. 그리고 반드시 개선점을 찾고 기존의 패턴에서 벗어나도록 노력해야 한다.

공부 공백은 언제든 메꿀 수 있다

뒤늦게 공부를 시작하면 가장 힘든 점이 기존의 학습 공백을 메꾸는 것이다. 학습이란 마치 계단처럼 기존의 학습을 발판 삼아 한 단계씩 나아가는 것이기에, 발판에 구멍이 생기면 나중에 아무리 견고하게 쌓아 올려도 무너지고 만다. 학습 공백을 가진 학생들이 이후 공부에 전념해도 힘든 상황을 겪는 이유다.

이러한 상황을 맞이한 학생들은 눈앞이 캄캄해진다. 학업을 따라가는 게 힘들고 막막하기만 하다. '뭐부터 어떻게 시작해야 하지?' 친구들과 학업 격차는 이미 벌어져 있고, 그 간극은 점점 커지는데 공부를 열심히 한다고 해서 과연 따라잡을 수 있는지 절망스럽다. 학년이 높을수록 더욱 그렇다. 앞으로 남은 시간은 짧기만 한데, 구멍만 메꾸다 정작 진짜 공부는 시작도 못하고 수험 생활이 끝나버릴 것만 같다. 정말 지금부터라도 열심히 하면 올라갈 수 있는 걸까?

이 경우 현재 다른 친구들보다 뒤처진 자신의 상황을 인정하는 것부터 시작해야 한다. 중학교 기간은 입시에 필요한 학습 토대를 쌓는 중요한 시기다. 그런 시기에 공백이 생겼다면 당연히 문제가 발생할 수밖에 없다. 하지만 그 공백을 메꾸는 것 역시 가능하다. 올바른 방향과 공부 방법 그리고 노력이 따라준다면 불가능한 일도 아니다.

남과 자신을 끊임없이 비교하는 것은 공부 자존감을 깎아내는 원인이다. 사람마다 목표가 다르기에 남들의 목표가 아닌 자기만의 목표를 계속해서 만들어가는 것이 더 중요하다. 친구들은 이미 선행도 많이 했는데 나는 뒤떨어졌다고 생각하며 속상해할 게 아니라 어떤 상황에서도 나에게 맞는 학습을 해야 한다. 6등급 학생에게는 3등급도 높은 목표이고 어려운 과정이니 자신에게 맞는 학습을 진행하면 된다.

현재 1등급인 아이들도 기초를 탄탄히 쌓는 과정을 겪었기에 지금이 있는 것이다. 비록 지금은 남들보다 속도가 조금 느리지만 이제부터라도 열심히 하면 된다. 현실적인 목표를 설정하고 그 목표를 달성하면서 나도 할 수 있다는 자신감을 얻어야 한다. 스스로 자기 효능감을 높이고, 실패를 학습 과정의 일부로 받아들이는 태도가 필요하다.

'진작 열심히 공부했으면 좋았을걸'이라고 후회할지 모르겠다. 하지만 시간이 더 지난 다음에는 바로 지금 노력하지 않은 것을 더 후회할 수도 있다. 열심히 공부하기에는 지금이 가장 빠른 때다.

성적을 부탁해
티처스

초판 1쇄 인쇄 2024년 10월 22일
초판 8쇄 발행 2025년 5월 20일

지은이 정승제, 조정식, 〈성적을 부탁해 티처스〉 제작팀
펴낸이 김선식

부사장 김은영
콘텐츠사업2본부장 박현미
책임편집 이한결 **책임마케터** 박태준
콘텐츠사업7팀장 김민정 **콘텐츠사업7팀** 이한결, 남슬기
마케팅1팀 박태준, 권오권, 오서영, 문서희
미디어홍보본부장 정명찬 **브랜드홍보팀** 오수미, 서가을, 김은지, 이소영, 박장미, 박주현
채널홍보팀 김민정, 정세림, 고나연, 변승주, 홍수경 **영상홍보팀** 이수인, 염아라, 김혜원, 이지연
편집관리팀 조세현, 김호주, 백설희 **저작권팀** 성민경, 이슬, 윤제희
재무관리팀 하미선, 임혜정, 이슬기, 김주영, 오지수
인사총무팀 강미숙, 이정환, 김혜진, 황종원
제작관리팀 이소현, 김소영, 김진경, 이지우, 황인우
물류관리팀 김형기, 김선민, 주정훈, 양문현, 채원석, 박재연, 이준희, 이민운
외주스태프 디자인 정윤경 **글 정리** 조창원

펴낸곳 다산북스 **출판등록** 2005년 12월 23일 제313-2005-00277호
주소 경기도 파주시 회동길 490 다산북스 파주사옥
전화 02-702-1724 **팩스** 02-703-2219 **이메일** dasanbooks@dasanbooks.com
홈페이지 www.dasanbooks.com **블로그** blog.naver.com/dasan_books
종이 스마일몬스터 **인쇄** 민언프린텍 **코팅·후가공** 제이오엘앤피 **제본** 다온바인텍

ISBN 979-11-306-5845-2 (03370)

다산북스(DASANBOOKS)는 독자 여러분의 책에 관한 아이디어와 원고 투고를 기쁜 마음으로 기다리고 있습니다. 책 출간을 원하는 아이디어가 있으신 분은 이메일 dasanbooks@dasanbooks.com 또는 다산북스 홈페이지 '투고 원고'란으로 간단한 개요와 취지, 연락처 등을 보내 주세요. 머뭇거리지 말고 문을 두드리세요.